KB074545

내 아이의 마음 언어

내 아이의 마음 언어

초판 1쇄 인쇄 | 2022년 1월 20일
초판 1쇄 발행 | 2022년 2월 3일

지은이 이은경
발행인 이승용

편집주간 이상지 | 편집 임경미
마케팅 이정준 정연우
북디자인 이영은 | 홍보영업 백광석
기획 백작가

브랜드 치읓
문의전화 02-518-7191 | 팩스 02-6008-7197
홈페이지 www.shareyourstory.co.kr
이메일 publishing@lovemylif2.com

발행처 (주)책인사
출판신고 2017년 10월 31일(제 000312호)
값 14,800원 | ISBN 979-11-90067-53-9 (03320)

 네이버 포스트 [책인사]
바로가기

 네이버 카페 [치유의 숲]
바로가기

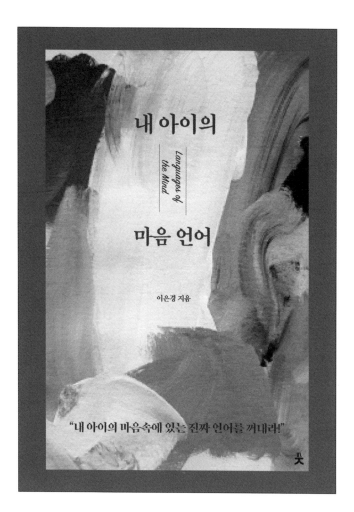

내 아이의

*Languages of
the Mind*

마음 언어

이은경 지음

"내 아이의 마음속에 있는 진짜 언어를 꺼내라!"

어렸을 때 받은 상처들, 특히 가장 가까운 부모나 교사들로부터 받은 상처들이 수십 년이 지난 후에도 아물지 않은 채로 남아 있는 것을 자주 목도하곤 합니다. 상처가 많고 너무 심각해서 어떻게 제대로 살 수나 있을까 하는 사람이 그 상처를 극복할 뿐만 아니라 다른 사람의 상처를 이해하고 어루만지는 삶을 살게 되는 것을 볼 때면 놀라움과 감동을 느끼게 되기도 합니다.

이 책의 저자가 그러한 사람입니다. 아내를 잘 알지 못하는 사람들은 지금의 밝고 해맑은 모습만 보고서 '아무 어려움 없이 귀하게 자랐구나' 하고 생각합니다.

하지만 오랜 세월 상처를 극복하기 위한 처절한 몸부림이 있었고, 지금은 그 깊은 상처의 흉터들이 멋진 목공예품의 무늬처럼, 스테인드글라스의 벽화처럼 남아, 도리어 큰 감동을 줍니다.

그런 저자가 이름 붙인 '발견해주기'는 이 책의 6장에서 자세히 소개되고 있는 것처럼, 자신의 인생 경험을 통해 부모와 자녀, 교사와 학생 사이에서 상처를 회복하고, 올바른 관계를 형성하기 위해 핵심이 되는 소통 방법입니다.

이 '발견해주기'는 '칭찬하기'와 근본적으로 다릅니다.
'칭찬하기'는 먼저 아이들에게 칭찬받을 만한 것이 있어야 합니다. 그리고 마땅히 칭찬받을 만한 것이 아닌 형식적이고 입에 발린, 또는 지나친 칭찬은 오히려 아이들에게 거부감을 느끼게 하고, 커튼 뒤에 자신을 숨기게 하는 역효과를 줍니다.

반면에 '발견해주기'는 '부모나 교사가 우리 아이들의 모습이나 행동을 관찰하면서 수시로, 바로 그 순간에 아이들의 긍정적인 면을 가볍고, 짧게 묘사해주기'입니다.

"수저를 벌써 갖다 놓았네."
"책가방을 챙겨 놨구나."
"틀려도 좋으니까 자신의 생각을 말해보는 건 용기 있는 일이야. 용기를 내줘서 고마워."

아이들의 행위에 대해 이렇게 짧고, 가볍게, 수시로 하는 묘사는, 마치 햇볕이 식물을 따스하게 비추는 것과 같은 효과를 줍니다. 있는 그대로의 모습으로 부모나 교사에게 인정받고 관심받는 경험을 통해 내면의 작은 기쁨들이 쌓이게 되는 것입니다. 이러한 경험은 아이에게 건강하고 긍정적인 자존감을 형성하게 하고, 주도적인 마음의 태도를 갖게 합니다.

이 책에는 저자가 20년 이상을 네 아이의 엄마로서, 영문학과 창의 교육을 전공하고 실제 교육의 현장에서 수많은 학생에게 적용하면서 효과를 보았던 많은 실제 사례가 담겨 있습니다.

메타버스의 시대에 우리 자녀들과 청소년들은 더 이상 우리 사회의 주변인이 아닙니다. 강력한 문화 소비자이자 생산 집단이 되어 자기 목소리를 내고 있습니다. 때문에 세대 간의 격차를 좁힐 수 있는 소통 방법을 아는 일은 무엇보다 가장 중요한 일이 되었습니다. 이러한 때에 저자의 생각과 경험과 노하우가 담긴 이 책이 많은 분에게 근본적인 도움이 되길 희망합니다.

_가장 친한 친구를 위해, 남편이

Contents

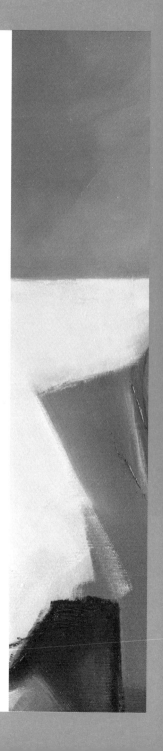

더 이상 상처
아 이 와 대 호

1장
———

더 이상 상처 주지 않고
아이와 대화하고 싶다

고 다
않
주 지
하 고 십

하마터면,
그럴 뻔했다

여느 때처럼 일터에서 하루 일과를 끝내고 집으로 돌아온 날이었다. 먼저 저녁을 먹고 쌓여 있던 설거지를 시작했다. 그리곤 청소기를 들고 이곳저곳을 밀고 다녔다. 늦은 시간에 퇴근하고 집안일을 하자니 체력의 한계가 느껴졌다. 얼른 누워서 쉬고 싶었다. 이 와중에 안방에서는 TV 소리가 들렸다.

'밖에서 같이 일하고 와서 나도 피곤하고 쉬고 싶은데, 혼자만 쉬면서 TV 보고 있네. 내가 이렇게 청소하는 거 보면 남편이 도와줘야 하는 거 아닌가?'

삐죽거리는 마음을 꾹꾹 눌러가며 청소를 하는 동안 마음이 울컥했다. 집안일을 거들지 않고 TV만 보고 있는 남편에 대한 서운한 마음이 계속 커져서였다. 안 되겠다 싶어 툴툴거리며 내 생각을 이야기하자 남편은 툭 되받아치듯 대답했다.

"그렇게 툴툴거릴 거면 아예 하지 말고 당신도 쉬어. 짜증 내며 하는 것보단 차라리 그릇이 쌓여 있는 게 나아."

그 소리에 순간 나도 모르게 눈물이 왈칵 쏟아졌다. 하루 이틀도 아니고 거의 날마다 반복되는 이런 일상에 지쳐가고 있었다. 예전에도 종종 남편에게 도움을 요청한 적이 있었다. 그때도 부탁은 들어주었지만 마찬가지였다. 그 일이 끝나면 나를 뒤로한 채 다시 TV를 보러 갔었다. 그럼 나는 늦은 밤까지 가득 쌓여 있는 세탁물을 낑낑대며 혼자 개야 했다.

'당신도 이만큼은 해야 하는데, 안 하시네요. 어떻게 그럴 수 있어요? 지금 당신은 잘못하고 있는 거예요.'

그런 남편을 이해해보려고도 했지만, 한번 자리 잡은 서운한 마음은 불쑥불쑥 더 자주 올라왔다. 그리곤 결국 남편과 말도 하고 싶지 않아져 한동안 침묵으로 일관했다.

한번은 딸이 초등학교 2학년일 때 정말이지 이해할 수 없다는 표정으로 나에게 이런 말을 했다.

"엄마, 우리 반 친구 한 명이 수학을 빵점 맞았대요. 어떻게 빵점을 맞을 수가 있죠?"

"그래? 너는 몇 점 맞았는데?"

"20점이요."

자신이 받은 점수가 낮은 점수라는 인식은 전혀 없는 너무나 해맑은 눈이었다. 그때 하마터면 이렇게 툭 내뱉을 뻔했다.

'너 20점도 점수라고 생각하니? 수학 공부 좀 많이 해야겠다. 너나 신경 써. 다른 애 신경 쓰지 말고.'

하지만 난 그 순간 불쑥 올라온 내 생각에 잠시 제동을 걸었다.

"빵점 맞는 것도 흔한 건 아닌데…. 그 친구가 답을 잘 못 썼을 수도 있고, 지금 배우는 수학이 잘 이해가 안 갔을 수도 있겠네. 안타깝다."

아주 찰나의 순간이었지만 나의 불편한 감정이 잘못된 말투와 섞인 채 튀어 나가려던 걸 멈추고, 아이에게 도움이 되는 이성적인 말을 급히 찾아본 경험이었다. 그렇게 딸에게 말하고 나자 갑자기 머리부터 발끝까지 알 수 없는 기분 좋은 전율이 흘렀다. 그 전율은 순식간에 온몸을 훑고 지나가며 내가 마치 처음부터 그렇게 도움 주는 말을 딸에게 하고 싶었다는 듯한 느낌으로 마음을 다시 채웠다. 은근슬쩍 비난을 섞은 채로 올라왔던 마음속의 말은 연기처럼 사라지고 없었다.

전에는 피곤하고 체력이 약한 나를 남편이 당연히 도와줘야 한다는 생각이 있었다. 하지만 나를 돌보는 과정에서 알게 됐다. 상대에 대한 짜증이나 불편한 마음 안에는 상대에 대한 비난과 잘못된 평가가 담겨있었다는 걸.

부모와 아이 모두를 위한 '연습'

세수, 머리 감고 빗기, 숟가락질, 젓가락질, 양치질하기, 옷 입기, 신발 신기, 걷기, 뛰기…. 우리가 이런 일상의 모든 것들을 하기 위해서는 일정 기간 누구나 '연습'을 해야 한다. 처음부터 지금처럼 자연스러웠던 것이 결코 아니다.

부모가 아이를 대하는 생각이나 태도, 또는 말도 마찬가지이다. 자연스러워지기 위해서는 연습이 필요하다.

"난 부모로서 항상 아이의 성장을 도와주는 헬퍼(Helper)다."

연습에 앞서 가장 중요한 것은, 스스로 아이를 도와주는 헬퍼(Helper)라는 사실을 인지하는 것이다. 그리고 그것을 인지하기 위해 자신에게 이 질문을 던질 수 있어야 한다.

'지금 나는 아이를 질타하면서 화난 감정을 쏟아부으려고 하는가.

아니면 이 상황을 이용해서 아이가 삶에 대해 배울 수 있도록 도우려고 하는가?'

그러나 화가 많이 나 있는 상황에서 말을 툭 내뱉으려는 것을 멈추는 것은 생각만큼 쉽지 않다. 게다가 그런 상황에서 도움 되는 생각이나 말을 찾는 건 더더욱 쉽지 않다. 마음속에서 감정이 부글부글 끓고 있을 때, 아이에게 따뜻한 말을 건네는 것은 정말 어려운 일이다. 나 역시 그랬다.

그렇지만 우리가 점점 나아지기를 소망하는 마음과 변화하려는 생각을 놓지만 않는다면 방법은 있다. 큰일이 아닌 아주 작고 사소한 상황에서부터 연습하는 것이다. 너무 많은 에너지를 들이는 게 아닌 새털처럼 가벼운 것부터 말이다.

반드시 더 나아지는 일만 있기에

과학 잡지사 기자 출신이면서 베스트셀러 작가인 베르나르 베르베르는 한 잡지사와의 인터뷰에서 이렇게 말한 적이 있다.

"여러분 인생에서 일어난 모든 일들은 다 아름다워요. 관건은 이것을 잘 받아들이고 즐길 수 있느냐에 있지요. 잘 생기거나 예쁠 뿐 아니라 똑똑하기까지 해도 불행한 사람이 있어요. 반면 별로 가진 것이 없어도 행복한 사람들이 있지요. 자기 인생을 감사할 줄 아는 것, 그 능력의 차이가 만들어낸 결과입니다."

그는 자기 인생을 감사할 줄 아는 사람이 인생의 아름다움을 향유할 수 있다고 말한다. 그러려면 잘못된 생각과 행동과 태도는 사소한 것부터 바꾸어 갈 필요가 있다. 사실, 평소 습관적으로 하는 것들에 대해서는 무엇이 잘못된 것인지조차 모를 때도 많다. 그러나 내 생각을 돌아보고 바꿔보는 연습을 계속하다 보면 알아차리지 못했던 것을 발견할 수 있게 된다.

만일 지난날에 남편과 딸아이와의 일화를 통해, 상대보다 자신을 돌아보고 내 태도를 먼저 바꿔야 한다는 것을 깨닫지 못했다면 어땠을까? 아마 누구에게든 같은 관점과 태도로 상대를 대했을 것이다. 불평이나 짜증이 올라오는 상황이 오면 그때마다 그대로 다 내뱉으면서 말이다. 그랬다면 의도치 않게 일차적으로는 나 자신에게, 이차적으로는 남편이나 아이들에게 더 많은 상처를 줬을 것이다.

'감정'에 초점을 둔 관계 연구의 세계적인 권위자인 존 가트맨(John Gottman) 박사와 아시아 유일의 가트맨 공인치료사이자 알로이시오 힐링센터장인 최성애 박사, '교수를 가르치는 교수'로 유명한 조벽 박사는 그들의 공동 저서《내 아이를 위한 감정코칭》에서 이렇게 말한다.

"어떤 상황에서도 아이의 손을 놓으면 안 됩니다. 아이와 감정을 공감할 수 있을 때까지 열 번이고, 스무 번이고 재도전을 해야 합니다. (…) 평균 두세 달 넘게 노력하면 생각하지 않아도 저절로 자연스럽게 나오게 됩니다. 그러니까 처음 감정코칭을 했는데 생각만큼 잘 안 되었다고 실망하지 말고 계속 시도해야 합니다. 그러다 보면 부모도 훌륭한 감정코치형 부모로 성장하고, 아이 역시 좋은 모습으로 발전할 수 있습니다."

　이것이 우리가 연습을 계속해야 하는 이유다. 생각하지 않아도 자연스럽게 나오는 날이 곧 오게 된다. 처음 시도하기까지가 다소 마음이 밍그적거려질 뿐, 직접 해보는 순간 마음에도 근력이 생긴다. 그 근력은 자연스럽게 다음 연습의 직접적인 자양분이 된다. 덕분에 마음의 근력은 지속적으로 자라난다.

HELPER CARD

지금 나는 아이를 질타하면서
화난 감정을 쏟아부으려고 하는가,
아니면 이 상황을 이용해서
아이가 삶에 대해 배울 수 있는
기회가 되도록 도우려고 하는가?

아이와 '대화'를
하지 않는 부모

   어떤 인류학자가 아프리카 한 부족의 아이들에게 게임을 하자고 제안했다. 그는 근처 나무에 아이들이 좋아하는 음식을 매달아 뒀다. 그리고 먼저 도착한 사람이 그것을 먹을 수 있다며 "시작"을 외쳤다. 그러나 아이들은 각자 뛰어가지 않고 모두 손을 잡고 가서 그것을 함께 먹었다. 그는 아이들에게 "1명이 먼저 가면 다 차지할 수 있는데 왜 함께 뛰어 갔지?" 하고 물었다. 그러자 아이들은 "우분트!(UBUNTU)"라고 외쳤다. "다른 사람이 모두 슬픈데 어떻게 한 명만 행복해질 수 있나요?"라며 말이다.

   "우분트." 넬슨 만델라 대통령이 자주 강조해서 널리 알려지기 시작한 이 말은, 반투족 말로 "네가 있기에 내가 있다.(I am because you are)"라는 뜻이다.

   대화의 사전적 의미를 보면 "마주 대하여 이야기를 주고받음 또는 그 이야기"라고 되어 있다. 여기에서 '마주 대하여'라는 표현은 아주 중요하다. 단순히 이야기를 하는 것이 끝이 아니라, 상대를 대하는 것 역시 대화에 포함되어 있다는 것이기 때문이다. 그렇기 때문에 상대를 대하는 태도에 따라, 서로 말은 하고 있지만 의사소통의 단절 또는 부재가 생기기도 한다.

미국의 작가이자 가족치료의 어머니로 불리는 의사소통 전문가 버지니아 사티어(Virginia Satir) 박사는 의사소통에 대해 언급하면서 사람들은 올바름, 솔직성, 그리고 신뢰성에 굶주려 있다고 말했다. 그러면서 그들이 그 사실을 인식하게 되고 그것을 시도할 만큼 충분한 용기를 가지게 될 때 다른 사람들과의 거리를 좁히게 된다고 했다.

"당신이 말하는 모든 순간에 당신이 하는 모든 말들을 이해하는 것은 중요합니다. 당신이 말을 할 때마다, 당신의 얼굴, 목소리, 몸, 호흡, 그리고 근육들도 역시 말하고 있는 것입니다."

그녀의 말에 따르면 우리가 하는 대화 속에는 '언어적 의사소통'과 '비언어적 의사소통'이 함께 모여 있고, 이것들이 메시지로 생산된다. 언어적 의사소통인 말과 비언어적 의사소통인 얼굴 표정, 몸의 위치, 근육의 상태, 호흡 속도, 목소리의 높낮이, 몸짓이 '같은 메시지를 생산할 때' 비로소 대화가 이루어진다는 것이다. 그렇기 때문에 반대로, 그 두 가지 의사소통에서 차이가 발생하면 이중적인 메시지를 생산하게 되어 솔직하고 진정한 대화가 이루어지지 못하게 된다.

"학교 잘 다녀왔어? 오늘은 어떻게 보냈어? 손 씻고 밥 먹자. 숙제 해야겠네. 책 읽을까? 양치질하고 씻고 잘 시간이야."

　이 사실을 알고 평소에 늘 사용해왔던 말들을 살펴보니, 너무 익숙한 나머지 아이의 등 뒤에 대고 말하거나 내 할 일을 바쁘게 해가며 무심코 말하고 있는 경우가 종종 있었다. 이처럼 거의 대부분의 사람이 자신이 이중 메시지를 전달하고 있다는 사실을 깨닫지 못한다.
　이런 경우 일반적으로 듣고 있던 상대가 대화 주제를 바꾸거나, 자리를 뜨거나, 혹은 잠이 들거나 하며 전체 메시지를 무시하는 결과를 초래하기 쉽다.

더 이상의 긴말이 없어도 이루어지는 '대화'

　그동안 무심하게 했던 말들을 아이와 눈을 맞추고 이야기하는 방식으로 바꿔보았다. 처음엔 아주 짧고 가볍게. 그러나 아이가 눈치채지 못하는 선에서 의도적으로 그 시간을 조금씩 늘려나갔다. 한 손으로 아이의 어깨를 가볍게 두세 번 톡톡 두드리기도 하고, 어떻게든 눈을 마주 보며 이야기하거나 몸을 조금이라도 더 가깝게 했다.
　물론 단기간에 눈에 띄는 변화가 생기는 것은 아니었다. 하지만 아이와 나의 교감에 다정하고 따뜻한 무언가가 스며들었다. 아주 미세하면서도 가볍고, 친밀하면서도 다정다감한 기운이 살며시 퍼졌다.

"학교 잘 다녀왔어?"

초등학교 2학년이었던 딸아이가 학교에서 돌아왔을 때, 난 여느 때와는 다르게 바쁘게 하던 일을 잠시 멈췄다. 허리를 굽히고 아이의 눈을 잠시 지그시 바라보았다. 그러자 아이는 그동안의 반응과는 사뭇 다른 홍미로운 걸 나누고 싶어 하는 일렁이는 눈빛으로 대답했다.

"오늘 학교에서 끝나고 오는 길에 아주 기다란 막대기 하나를 주웠어요. 그걸로 길옆에 있는 풀들을 헤치면서 오다가 이 방아깨비를 발견했어요. 이거 보세요! 진짜 엉덩이로 쿵덕쿵덕 방아를 찍어요. 그렇죠?"

아이는 눈 속에, 말 속에 생기가 한가득 담겨있었다. 이 얼마나 행복한 순간인가! 더 이상의 긴말이 없었어도 우린 '대화'를 한 것이었다.

'대화'라는 단어에 담겨 있는 '서로를 마주 향하여'라는 의미가 언제부턴가 나에게는 '아이의 눈을 바라보며 아이의 이야기를 잘 듣고 싶다는 자세로'라는 말로 들렸다. 시도는 여기서 멈추지 않았다. 나 자신에게 '어떤 태도와 어떤 표정과 분위기로 우리 아이들을 상대하고 있는가?'라는 질문도 종종 던졌다. 엄마로서 아이들에게 평소에 사용하는 익숙한 표현들과 몸짓 언어들을 떠올려봤다. '자주 쓰고 있는 말과 자주 짓는 표정, 말투를 아이들 입장에서 보고 듣는다면 어떤 느낌이 들까?'라는 생각이 불현듯 스쳤다. 그중에는 표정 없이 건조한 말들도 있었다.

돌이켜보면 내가 아이들과 대화할 때 진정한 의미에 있어서 '대화'를 하지 않았거나 못했던 순간들도 많았다. 그래서 오래전부터 한마디를 하더라도, 그 속에 기쁨이나 상큼함 또는 감동, 여운, 기운을 불어넣어 주는 말이나, 재미를 줄 수 있는 건 무엇일지 계속 생각하게 되었다. 처음엔 이런 생각을 하는 것 자체가 생소했다. 그래도 틈날 때마다 마음속을 관찰하고 생각하고 찾기를 멈추지 않았다.

그렇게 내 생각과 언어는 조금씩 다듬어졌다. 그리고 점점 새롭게 찾은 말도 최대한 티 나지 않게 슬쩍 끼워 넣어보는 것이 즐거움이 됐다.

성경엔 '혀가 완전하면 완전한 사람'이라고 했다. 이 세상에 완전한 사람은 없다. 고로 말을 완전하게 하는 사람은 이 세상에 없다는 말이다. 그만큼 말이라는 건 참 조심스럽기도 하고 편안하기도 하지만 인간으로서는 결코 완전할 수 없는 그 무엇이다. 이런 여백은 내가 '진심 어린 태도라는 새로운 언어'를 찾는 것에 대한 부담감을 줄여줬다.

"우분트(UBUNTU)." 네가 있어서 내가 있다는 말은, 아프리카 반투족의 아이들에게 이 세상에 태어나는 순간부터 생을 마치는 순간까지 누군가와 더불어 살아간다는 사실을 끊임없이 상기시켜줬을 것이다. 그리고 이 말을 접한 아이들은 생각으로, 마음으로, 몸으로, 서로가 서로에게 언어적 의사소통과 비언어적 의사소통이 합치된, '진짜 대화'를 나눌 수 있었을 것이다.

우리도 지금부터 아이의 눈을 마주 바라보며 진심 어린 태도로 '대화'를 시작해 보자. 그게 입으로 직접 표현되는 말이어도 좋고 아니어도 좋다. 그냥 미소를 머금고 따뜻한 눈으로 쳐다만 봐도 좋고 때론 그저 아이의 말에 맞장구만 쳐도 좋다. 다소 무거운 분위기라면 그저 묵묵히 들어만 줘도 좋고, 생각에 잠긴 아이 곁으로 슬며시 다가가 옆에 나란히 앉아만 있어도 좋다.

이 모두가 아이를 진심 어리게 대하고 있다는 '하나의 메시지'이면 그게 바로 진정한 의미에서의 '대화'인 것이다.

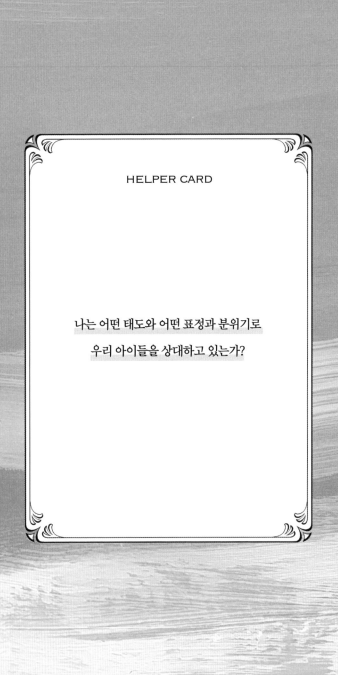

HELPER CARD

나는 어떤 태도와 어떤 표정과 분위기로

우리 아이들을 상대하고 있는가?

짜증,
화 속에 실마리가 있다

"됐다. 됐어. 이제 그만하자."

"엄만 왜 내 말을 무시해요? 왜 엄마는 엄마 말만 해요?"

"그만하라니까! 너 자꾸 그러면 태블릿 안 사줄 거야."

당신이 부모라면 아마 이와 비슷한 상황을 겪어봤을 것이다. 부모가 아니더라도 울며 고집 피우고 떼를 쓰며 짜증을 연발하는 아이를 본 적은 있을 것이다. 이럴 때 아이를 훈육해야 하는 부모가 차분히 감정조절 하기란 쉽지 않다. 아이 또한 자신의 화와 짜증에 대처하는 방법을 몰라 마음이 혼란스러운 순간이기도 하다.

"인생이란 누구에게나 처음이기에, 세상은 전환점이라는 선물을 숨겨놨어. 그걸 기회로 만들면 후회 없는 인생을 살 수 있다네."

《하워드의 선물》이라는 책에서 하워드 스티븐슨 교수가 제자에게 하는 조언이다. 그는 우리가 살아가면서 맞이하게 되는 고비의 순간이, 실은 인생의 전환점임을 포착하게 하고, 그 안에 숨겨진 인생의 진짜 유산을 찾을 수 있도록 관점을 전환시켜 준다고 말한다.

이처럼 아이와의 불편한 대화 속에도 전환점의 순간이 있다. 그 순간은 아이가 다르게 바라보고 생각할 수 있는 기회가 된다.

"너무 속상해서 밥 안 먹고 싶어요."
"그래도 밥은 먹어야지. 얼른 손 씻고 와서 밥 먹자."
"밥 먹기 싫어요."
"속상한 건 속상한 거고, 밥은 먹어야 될 거 아냐. 엄마가 도대체 몇 번을 말해야 알아듣겠니?"

인범이의 여러 차례 반복되는 짜증에도 최대한 화를 자제하며 말하려고 애쓰던 엄마는 결국 화가 폭발하며 아들을 다그쳤다. 초등학교 5학년이 되면서 인범이는 자기 뜻대로 일이 잘되지 않거나 마음에 안 드는 일이 생길 때면 불평을 늘어놓는 횟수가 점점 많아졌다. 엄마가 아들을 이해시켜보려고 애써 봤지만 아이는 화가 안 풀린다는 듯 계속 씩씩거렸다.

대화는 서로 생각을 주고받고, 마음을 나누기도 하는 것이다. 그 과정에서 불쾌함을 경험하게 되면 대부분은 난감해한다. 그런 대화를 은근슬쩍 넘겨 버리기도 하고, 최대한 참아보기도 하고, 화제를 바꾸어서 다른 대화를 하려고 애쓰기도 한다. 이것이 반복되다 보면 불편한 대화는 점점 회피하게 되고, 불편한 감정들은 덮어두거나 심지어는 부정해 버리려고 노력하기도 한다. 그리고 이런 상태가 지속되면 불편한 대화의 상황이 올 때 상대의 불편한 감정을 이해하는 힘이나 공감은 약해진다. 또한 마음도 심하게 다운되어 우울감이 깊어지기도 한다.

"삶의 문제들을 해결하기 위해 필요한 기본적인 도구는 훈육이다. (⋯) 삶이 힘들다는 것은 문제를 직면하고 해결하는 과정이 고통스럽다는 것을 말한다. 그런데 당면한 문제를 해결하는 이 모든 과정 속에 삶의 의미가 있다."

이 문장은 정신과 의사이자 사상가, 베스트 셀러 작가의 삶을 살았던 모건 스콧 펙(Morgan Scott Peck)의 저서 《아직도 가야할 길》에 나오는 대목이다.

삶이 힘들다는 게 문제가 되는 상황은 또 올 수 있다. 하지만 내가 지금 힘들다고 생각하는 삶도 분명히 나아질 희망이 있다는 사실을 믿는다면, 그제야 비로소 삶이 힘든 것이 더 이상 문제가 되지 않는다. 화가 나거나 짜증 나는 문제 상황은 아이들이나 우리 모두에게 일종의 고통이다. 그러나 그 고통은 그 문제를 통해 아이나 부모가 모두 배우고 얻는 게 반드시 있다는 희망도 깊게 품고 있다. 단지 마음이 아프다고 느낄 때만 보이지 않게 한쪽 구석에 가려져 있을 뿐이다. 주어진 문제를 해결하려는 사람에게는 그의 말처럼 용기와 지혜가 생겨난다. 이게 바로 고통 속에 숨겨진 희망과 소망의 강력한 힘이다.

'내 마음이 정말 원하던 대화'로 가는 전환점

아이들은 강도의 차이는 있겠지만 하루에도 여러 차례 울고, 웃고, 화내고, 신나 하고, 짜증도 내면서 자신의 감정을 표출한다. 그런데 부모가 아이와 대화를 나눌 때, 아이가 표출하는 불편한 감정표현에만 마음을 두면 부모의 감정도 점점 불편해지기 마련이다. 이때는 아이와의 진정한 대화가 쉽지 않다. 대화에도 근육이 필요하다. 우리는 때로 불편한 상황에서도 대화를 풀어가야 할 때가 있다. 그 상황을 회피하거나 마음속에 북받친 감정 그대로를 쏟아내면 대화가 단절된다.

우리가 주목해야 할 점은 자녀와의 불편한 대화가 시작될 기미가 보이는 순간이, 사실 부모와 아이 모두에게 기회라는 점이다. 부모에게는 예전의 잘못된 대화 습관을 버리고 '내 마음이 정말 원하던' 대화로 가는 길을 열 수 있는 전환점이 된다. 또한 우리 아이들에게는 인생에서 맞닥뜨릴 수많은 문제 상황을 제대로 인식하며 적극적으로 해결하는 능력을 키우는 절호의 기회가 된다. 다만, 그동안 불편한 감정이 먼저 얼굴을 내밀다 보니 그 뒤에 숨겨진 아이를 도와줄 최적의 기회를 포착하지 못했을 뿐이다.

인범이의 상황에서 기회를 포착해보자. 우선 단서가 필요하다. 그것은 바로 아이의 짜증내는 말 속에서 실마리를 찾는 것이다. 탐정이 되어 상황을 다시 추적하며 인터뷰한다는 마음으로 아이에게 화가 나는 이유를 자세히 물어보고 귀 기울여 들어볼 필요가 있다.

"인범아, 아까 엄마가 자세히 못 들은 것 같아서 그러는데 네가 화난 이유를 다시 한번 말해줄래?"

"그 애가 자기 혼자 골을 넣어보겠다고 공을 패스도 안 해주고 혼자 계속 몰고 가잖아요. 그러다가 상대팀에게 공을 뺏겼어요. 그래서 결국은 우리 팀이 졌고요. 그러니까 화가 나죠. 저한테 공을 패스하라고 여러 번 말했는데도 무시했어요. 그 애는 축구 할 때마다 그래서 짜증이 나요. 이게 한두 번이 아니에요. 너무 속상해서 아무것도 안 하고 싶어요. 밥도 안 먹고 싶어요."

"네 말은 그 애 때문에 너희 축구팀이 진 것이 화가 나고, 그 친구가 패스를 해줘야 하는 결정적인 순간에 패스를 안 해줘서 또 화가 난 거네. 네가 패스하라고 계속 말해도 그 친구는 듣지도 않고. 그래서 더 화가 났나 보구나."

이때 최대한 구체적으로 그 실마리를 아이에게 다시 말해 줄 필요가 있다. 그러면 아이는 씩씩거리는 게 눈에 띄게 잦아든다. "엄마가 너였더라도 그 순간에는 화가 많이 났을 거 같아."라며 공감까지 할 수 있다면 더할 나위 없이 좋다. 공감을 잘하지 못한다면 그저 실마리를 잡아당겨 주는 것만으로도 큰 진척이다.

"엄마는 우리 인범이가 그런 일로 또 화나는 상황은 없었으면 좋겠는데…. 그 친구가 다음에 또 그럴 수도 있을 텐데, 어떡하지? 해결책을 빨리 찾았으면 좋겠는데, 엄마도 지금 바로 생각이 안 나네. 일단 씻고 밥 먹고 힘내서 우리 같이 그 해결책을 생각해보는 건 어때? 밥 먹어야 힘도 나고. 네가 그 친구 때문에 속상한 것처럼, 엄마도 네가 밥도 안 먹고 힘이 빠지면 속상하거든."

아이가 부모에게 짜증 내고 화를 낼 때 기억 해야 할 사실은, 아이가 엄마에게 짜증을 부리는 게 아니라는 것이다. 아이는 그저 어떤 특정한 사실에 대해 화가 난 것뿐이다. 이때 아이가 부모에게 짜증 내고 화를 내고 있다고 느끼게 되면 덩달아 화가 나기 쉽다. 또는 아이를 위해 좋은 해결책을 제시해주고 싶은데 생각이 잘 안 나거나, 아이가 느끼는 감정을 부모 자신의 감정과 동일시해서 함께 화가 나는 경우도 있다. 하지만, 다시 한번 말하자면 이것은 사실이 아니다.

우리는 헬퍼(Helper)다

《내 아이를 위한 감정코칭》의 공동 저자인 최성애 박사는 한 인터뷰에서 부모가 해결책이 떠오르지 않을 땐 그냥 아이와 고민을 함께 하는 것만으로도 도움이 된다고 말했다. 부모가 모든 해결책을 알 수는 없다. 실제로 부모가 일일이 해결책을 다 제시할 수도 없다. 우린 해결사가 아니다. 단지 우리 아이들을 위한 온전한 '방향성'을 가진 헬퍼(Helper)다.

　인범이는 자신의 말을 자세하게 들으려고 진지하게 귀를 기울이는 엄마의 말과 눈빛과 태도 앞에서 서서히 감정을 가라앉혔다. 엄마가 실마리를 찾아 아들을 도와줘야겠다는 탐정의 자세로 전환하는 그 순간, 인범이의 화나는 감정도 전환점을 맞이한 것이다.

　이와 같이 아이와 감정적으로 불편할 때 안정된 대화를 하기 위해서는, 아이의 마음을 다시 여는 전환점이 꼭 필요하다. 아이는 자신이 방금 전에 했던 말을 엄마를 통해 다시 전해 듣게 되면, 자신을 상대화 하는 경험을 하게 된다. 이로 인해 잘못된 감정보다는 자신의 마음이 원했던 구체적인 상황인식으로의 전환을 맞이하게 된다.

　아이의 짜증이나 화는 부모에게 온전한 훈육의 한 걸음을 내디딜 수 있는 '기회'다. 단, '온전함'은 '완전함'을 의미하지 않는다. 온전함은, 명확히 완성된 결론이 아닌, 우리 아이에게 주어진 좋은 것들이 잘 펼쳐질 수 있도록 노력하는 일련의 모든 과정을 포괄한다. 내 얼굴이 늘 그 '방향성을 향해'있기만 하다면 부모로서 우리는 분명 '앞으로 조금 더 나아가고 있는 것'이다.

　기억하자. 우리는 해결사가 아니다. 우리는 방향을 제시해주는 헬퍼(Helper)다.

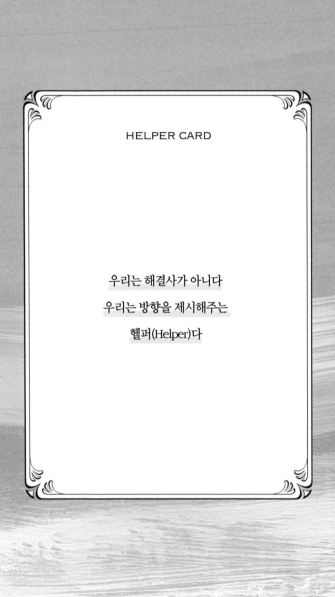

HELPER CARD

우리는 해결사가 아니다

우리는 방향을 제시해주는

헬퍼(Helper)다

부모가 아이와으
실　　패　　하　　는

2장
———
부모가 아이와의 대화에서
실패하는 결정적 이유

대 화 에 서
결 정 적 이 유

100% 완벽한 대화는 없다

"책상 위에 없으면 책상 주변에 있겠지. 다시 한번 찾아봐."

내 말을 들은 아들은 다시 자기 방으로 물건을 찾으러 갔다. 그런데 그 순간 아차 싶었다. 아들에게 아무 생각 없이 무심코 말을 내뱉은 것이 순식간에 후회로 다가왔다.

'아들이 그렇게 쉽게 찾을 수 있었다면 나에게 물으러 오지도 않았을 텐데….'

어려서부터 시 쓰기를 좋아하고 그림 그리기를 좋아했던 딸은 자신의 책상 위에 여러 가지가 섞여 있기 일쑤였다. 그 책상 위에서 무언가를 찾아야 할 때 다른 사람들은 찾기가 쉽지 않았다. 그러나 딸은 그중에서 필요한 게 있을 때마다 바로바로 잘 찾아내곤 했다. 그것도 그 아이만이 가진 능력이리라.

하지만 아들은 달랐다. 아들은 있어야 할 물건을 늘 정해진 자리에 두는 편이다. 그래서 필요할 때 찾는 속도도 빠르다. 하지만 반대로 어떤 물건이 있어야 할 자리에 없으면 필요한 순간에 잘 찾지 못할 때가 많았다.

딸이라면 평소처럼 여기저기를 두리번거리며 바로 찾을 수 있었을지도 모르지만, 아들의 성향은 딸과는 달랐다. 주변 여기저기를 골고루 살펴볼 수 있도록 자세히 표현해 주는 것이 아들에게 도움이 되겠다는 생각이 불현듯 스쳤다. 난 곧바로 달려가 아들 방문을 두드렸다.

"계속 찾고 있는 중이구나. 저기 책상 옆이나, 책상 아래에 있는 책꽂이나, 아니면 책상 위에 있는 선반에 혹시 놓여 있을지도 모르겠네. 거기 밑에, 책상 아래 가방을 둔 곳 주변도 한 번 살펴보는 게 어때?"

함께 살피는 느낌이 가득 담긴 눈빛을 보내며 방금 전에 내가 했던 말을 수정했다. 그리고 얼마 되지 않아 아들은 내가 말 한 곳 중에서 그 물건을 찾았다고 했다.

혹자는 다 큰 자식을 초등학생 대하듯 하며 하나하나 일러주는 것 같다고 느낄 수도 있겠지만 내가 아는 아들의 성향에는 도움이 되는 표현이었다. 덕분에 아들은 찾는 물건이 있어야 할 자리에 없을 때는 그 자리 주변을 좀 더 세세하게 살펴보는 방법 한 가지를 제대로 배웠다. 그리고 나 또한 딸과는 성향이 다른 아들이 도움을 필요로 할 때 구체적으로 도와줄 수 있는 방법 한 가지를 배우게 됐다.

스스로 해낼 수 있는 능력

아침 식사시간에 두 돌이 채 안 된 막둥이가 스스로 밥을 떠먹어보겠다며 밥숟가락을 집어 들었다. 반찬을 포크로 집어 보려고 여러 번 시도하던 막둥이는 결국 손으로 집어 입에 넣었다. 얼마 지나지 않아 밥알과 반찬은 아이의 입속이 아닌 얼굴과 손과 옷으로 소풍을 가 있었다. 바쁜 아침 시간에 어질러진 식탁을 정리하고, 아이를 씻기고, 다시 옷을 갈아입혀서 어린이집에 보낼 걸 생각하니 잠시 머리가 지끈거렸다.

'혼자 먹게 두지 말고 그냥 속 편하게 내가 빨리 떠먹일까?'

마음이 잠시 흔들렸다. 스스로 숟가락을 쥐고 밥을 떠먹어보려는 막둥이의 시도는 기특했다. 하지만 주변이 온통 밥알로 뒤범벅되고 반찬이 난립하는 행동의 결과는 만족할 수 없었다.

막둥이의 시도를 통해 1~2년 후에 얻고자 하는 결과는 분명했다. 스스로 숟가락과 포크를 잘 사용하는 것이다. 이를 위해 아이가 그 시도를 계속할 수 있도록 엄마는 도와주어야 한다. 주변이 어지럽혀지고 지저분해지는 게 싫어서 아이가 스스로 시도하는 것을 멈추게 하고 내가 직접 계속 떠 먹여준다면, 아이가 스스로 해낼 수 있는 기회는 그만큼 줄어들 게 뻔하다. 나는 엄마로서 내 마음을 다시 곧추세웠다. 아이는 '스스로 해낼 수 있는 능력'을 가지고 있기에 주변을 어지럽히는 요소만 정리해 주면 되었다.

아이에게 우선 숟가락으로 밥 떠먹기만을 먼저 시도하도록 했더니 이전보다는 지저분해지는 게 확연히 줄어들었다. 포크로 반찬 집어 먹기는 숟가락 사용이 익숙해진 다음에 추가로 시켜볼 예정이었다. 이렇게 하나를 꾸준히 시도해서 좋아지면 그다음 새로운 하나를 추가하면 된다.

당장 할 수 있는 '한 가지'

〈내 아이를 위한 사랑의 기술〉이라는 다큐멘터리 프로그램이 한 방송사에서 방영된 적이 있었다. 방송에서 보고된 연구 결과에 의하면 부모들이 아이들과 어떻게 대화를 나누냐에 따라 아이들의 사회적응 및 반응도가 달라졌다. 자신감에도 변화가 생기며 성인이 된 후 사회진입에도 다양하고 폭넓게 영향을 미쳤다. 이 다큐멘터리에서는 '부모들이 40%만 사랑의 언어로 말하기를 노력해도 성공'이라고 했다. 부모들이 그 정도만 노력해도 아이들은 존중받는다고 느끼고 자존감이 향상된다는 것이다. 이 결과는 아이들을 도우려고 노력하는 부모 중의 한 명인 나에게도 큰 힘이 되었다.

딸과 학교 친구 문제로 대화를 나누다가 처음엔 단순하게 생각했던 문제가 생각보다 여러 가지로 복잡한 상황임을 알게 된 때가 있었다. 그때 나는 부모로서 아이를 도와주고 싶었지만 어떻게 도와줘야 할지 방법을 몰라 이리저리 헤매고 있었다. 며칠간 고심해도 답을 찾지 못하자, 우선 아이를 위해 당장 할 수 있는 '한 가지'를 찾아보기로 했다. 여전히 답을 찾지 못한 상황인 것은 매한가지였지만, 딸이 현재 처해 있는 상황을 가능한 한 객관적으로 다시 살펴보았다. 그리고 그렇게 정리한 상황에 대해 딸에게 다시 상기시켜 주었다.

얘기를 나누고 보니 다소 복잡하게 보였던 상황이 어느 정도 가닥이 잡히면서 다르게 보이기 시작했다. 그 뒤로 딸과 수시로 그 상황에 대해 이야기 나누며 '한 가지씩' 복잡한 상황들을 풀어갔다. 나의 역할은 직접적인 지시가 아니라 딸이 자신이 처한 상황에서 다른 쪽으로도 생각해 볼 수 있도록 시선을 옮겨 주는 게 다였다. 그렇게 하나씩 대화의 물꼬가 열렸다. 그러자 미처 예상치 못했던 방법으로 더 좋은 해결을 향해 자연스럽게 흘러갔다. 상황을 가렸던 구름은 걷히고 딸의 얼굴에도 해가 솟았다. 이 과정을 통해, 딸도 분별하는 능력이 조금씩 더 생겼고, 나 또한 새로운 것을 더 배우고 알게 되었다.

그러나 전에는 부모로서 아이에게 시기적절하게 자존감을 북돋우면서 도움 주는 말을 하는 게 그림의 떡일 때가 있었다. 어려서부터 존중받는 언어의 환경이 아닌 곳에서 자라 부모가 된 나는 더욱 그랬다. 그것은 에너지를 계속 쏟아야 하는 '수고로움'을 동반했다.

'이럴 때는 어떤 표현이 아이에게 도움이 될까? 어떻게 표현하면 아이가 내가 말하고자 하는 바를 있는 그대로 잘 이해하게 될까? 주변 세상을 어떻게 제대로 이해하게 도울 수 있을까? 어떻게 표현해야 자신을 힘들게 하는 그 친구를 바르게 대할 수 있도록 도울 수 있을까?

아이가 초등학교, 중학교를 거치는 동안 숱한 날들을 비슷한 고민 가운데에서 답을 찾느라 씨름한 날이 많았다. 아이에게 무심히 지나가듯 했던 말들, 감정을 섞어 뼈 있는 한 마디를 툭 던졌던 순간들, 나도 모르게 마음에서 올라오는 짜증을 감내해야 했던 순간들, 도와주고 싶지만 어떻게 표현해야 할지 몰라 발을 동동 굴렀던 순간들, 좀 더 친절하고 다정하고 따뜻하게 말할 수 있었는데 그렇지 못해 아쉬워했던 순간들, 좀 더 재치 있고 재미있게 공감을 표현하면서도 울림을 담을 수 있는 한 마디를 찾아내려고 이리저리 생각을 파헤쳤던 순간들, 더 나아갈 수 있는 방향을 잘 제시해주고 싶은데 그 방법을 몰라 안개 속에서 헤맸던 순간들 등 씨름이 산 넘어 산이라고 느낄 때도 많았다.

왜 그랬을까? 그건 내가 처음부터 아이와 대화할 때 완벽하게 도와주기를 원했다는 것을 많은 씨름 후에야 알게 되었다. 그것이 내 마음속에 큰 부담으로 다가왔던 것이다. 그리고 마음속 부담감의 크기만큼 대화가 꼬이곤 했다. 그러다 문득 '한 번에 하나씩 하자'고 생각을 고쳐먹었다. 그리고 가볍게 '하나'에만 생각을 집중했다. 그 하나가 해결되면 또 다른 '하나'에 집중했다. 결과는 이전과 크게 달라졌다. 내 속에 하나의 커다란 짐 덩어리처럼 쌓여있던 부담감은 서서히 그 꼬리를 감추었다. 오히려 한가지씩을 해낼 때마다 '하나만큼 더 나아진 것'이라는 확신이 내 안에 살포시 자리 잡기 시작했다. 그리고 그것은 시간이 지날수록 딸이 분별력 있게 해내는 마음의 힘이 점점 커질 거라는 확신으로 이어졌다.

아이가 고민에 빠져있을 때, 어떤 날은 도움 줄 수 있는 말이 힘들이지 않고 곧바로 생각났다. 반대로 며칠을 고민해도 떠오르지 않을 때도 있었다. 그럴 땐 그저 아이의 등을 가볍게 두드리며 "힘내."라는 한 마디만을 조용히 속삭이며 안아주기도 했다. 그러면 서로의 가슴이 맞닿는 순간 말 그 이상의 무엇이 이미 활동하고 있다는 걸 느낄 수 있었다.

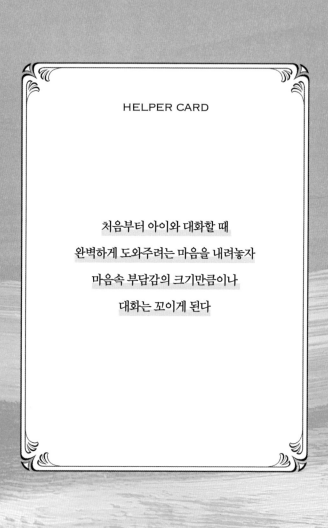

HELPER CARD

처음부터 아이와 대화할 때

완벽하게 도와주려는 마음을 내려놓자

마음속 부담감의 크기만큼이나

대화는 꼬이게 된다

아이가 거짓말하는 버릇을
고치고 싶어요

'온고지신(溫故知新)'은 우리에게 널리 익숙한 고사성어다. 옛것 또는 역사를 깊이 있게 탐구하고 익힘으로써 현재와 미래의 나아갈 방향을 찾고 역사에 대한 인식이 새로워짐을 의미한다.

"책을 많이 읽는 것보다는 핵심을 파악하라. 많이 보고도 그 핵심을 모르는 자는 서사(책방 주인)일 뿐이다."

이는 송나라 때 주자의 스승으로 알려진 대학자 정이천이 제자가 그에게 학문하는 방법에 대해 물었을 때 한 말이다. 역사와 책뿐만이 아니라 아이를 키우는 부모는, 아이의 과거와 지금의 마음 상태를 면밀히 살펴 아이가 말하고 행동하는 실제 마음의 핵심을 읽어낼 필요가 있다.

한 학부모가 통화 중에 아이의 상습적인 거짓말에 지쳤다는 듯 말했다.

"그 애는 원래 그런 애예요. 거짓말을 밥 먹듯이 해요. 말 안 들으면 선생님이 크게 혼내주세요. 때리셔도 돼요."

초등학교 4학년인 지용이는 학교에 가는 모습 자체가 많은 사람의 눈에 띄는 아이였다. 종종 하얀 고무신을 신고 다녔고, 이마에는 가끔 띠를 둘렀다. 어떤 때는 수업 시간에 괴성을 지르거나, 화가 나면 책상을 발로 차서 넘어뜨리기도 하고, 공중에 주먹질을 하기도 했다. 친구들은 지용이와 노는 걸 꺼렸다. 쉬는 시간이나 점심시간, 등하교 시간에도 거의 혼자 다녔다.

나는 지용이에 대한 정보를 전혀 모르는 상태에서 교육상담을 하고 가르치게 되었다. 처음에는 단순히 독특한 개성을 가진 아이로 비쳤다. 그러나 시간이 지나면서 수업 시간에 방해되는 행동들이 조금씩 나타나기 시작했다.

어느 날은 자신은 이제 죽을 거라고 말하며 높게 둘러쳐진 가드 라인을 넘어 계단 난간에 매달린 적도 있었다. 이를 보고 놀란 아이들이 행정담당자 선생님에게 알렸다. 지용이가 갑자기 놀라거나 당황해서 손을 놓지 않도록 선생님이 애써 평온한 목소리로 다독인 후에야 지용이는 높은 가드 라인을 훌쩍 넘어왔다. 이 밖에도 가끔 돌출 행동을 해서 이 아이를 도와줄 대안이 시급히 필요했다.

아이 엄마와 상담통화를 하는 과정에서 이런 돌출 행동이 있을 뿐 아니라, 그동안의 말들이 대부분 거짓말이었다는 것도 알게 됐다. 아이 엄마는 지용이가 평소에도 거짓말을 많이 해 그게 가장 고민이라며 한숨을 쉬셨다.

옳고 그름이 아닌 '사랑'

우리는 부모로서 아이의 반응이나 드러나는 행동들을 많이 접하게 된다. 하지만 많이 보고도 아이의 마음속 핵심을 읽어내지 못할 때가 많다. 가끔 습관적으로 거짓말하는 아이를 볼 때면 부모뿐 아니라 교사도 어떻게 지도해야 할지 난감해한다. 숙제를 하지 않았는데 했다고 말하고, 숙제한 노트를 보여 달라고 하면 집에 놓고 왔다고 하거나 잃어버렸다고 한다든지 하는 경우가 그 흔한 예 중에 하나다.

거짓말을 하게 되는 상황이나 원인은 다양하다. 그러나 인간의 마음은 단순한 몇 가닥의 인과관계만 존재하는 게 아니라 여러 가지 상황이나 생각, 관계나 판단 등이 얽히고설켜 복잡다단한 상태를 담고 있다. 그렇기에 누군가가 거짓말하는 이유에 대해 직접 드러난 원인이 전부라고 확언할 수 없다. 아이들이 거짓말을 할 때도 아이가 직접 한 말 자체의 내용보다는 거짓말을 하게 된 원인을 찾아보는 것이 중요하다. 아이 마음속에 한 자리를 차지하고 있는 그 원인이 해결되지 못하면 거짓말은 모습을 바꾸어가며 계속될 수 있기 때문이다.

학자 정이천은 책을 많이 읽는 것에 치중하지 않고, 그 핵심이 무엇인지를 파악하는 것이 학문의 방법이라고 한 것처럼, 우리는 아이가 보이는 많은 행동에서 아이의 진짜 마음을 읽어줄 수 있어야 한다. 아이가 드러내 보이는 행동들은 아이의 보이지 않는 마음의 깊은 부분까지 내보여주고 있다. 그것은 직접적인 문제일 수도 있고, 혼란스러운 외침일 수도 있고, 구조를 요청하는 신호일 수도 있다.

거짓말이 습관이 된 아이의 역사를 거슬러 올라가다 보면 그 원인의 핵심을 만나게 된다.

아이가 숙제에 대해 거짓말을 한 이유는 뭘까? 숙제를 안 했다고 하면 야단을 맞을까 봐 걱정되기도 하고 사실대로 말하면 수업이 끝난 후 남아서 하지 못한 숙제를 해야 하는 것이 싫어서일 수도 있다. 어쩌면 놀고 싶은 마음이 더 크기 때문일 수도 있겠다.

하지만 이 모든 표면적인 이유 밑에 더 깊이 내재한 공통의 이유가 있다.

이에 대해 아들러 심리학파의 일원이자 《긍정 훈육법》의 창시자이기도 한 교육심리학자 제인 넬슨 박사는 이렇게 말한다. 아이들 역시 어른들과 마찬가지로 궁지에 몰린 것 같거나 체벌이 두려울 때, 위협을 느끼고 상황을 모면하고 싶을 때 거짓말을 한다는 것이다.

그녀의 말처럼 아이는 거짓말의 내용이 무엇이든 간에 거짓말을 하는 행위는 부모님이나 선생님께 여전히 인정받는 아이, 신뢰받는 아이가 되고 싶은 마음이 먼저 자리하고 있다. 그 사람들에게만큼은 숙제 안 해오는 아이로 보이고 싶지 않은 것이다. 이는 거짓말을 하는 보다 근원적인 이유라고 할 수 있다.

　그러므로 거짓말하는 것에 대해 아이를 가르치거나 훈육하려고 할 때 아이에 대한 인격적인 비난이나 비판이 들어가지 않도록 주의를 기울여야 한다. 만일 "너 또 거짓말하니? 이게 벌써 몇 번째야?"라고 말해 버린다면 아이의 거짓말하는 습관을 고칠 수 없다. 오히려 거짓말은 한층 더 강화될 가능성이 크다. 거짓말이라고 판단하고 아이에게 즉각적으로 반응하게 될 때 아이는 거짓말에 대한 반성보다는 마음속에 반항심을 먼저 갖게 된다. 이는 옳고 그름의 당위성에만 집중하는 오류가 있지는 않은지 잘 살펴야 함을 의미하기도 한다.

어쩌면 아이 자신도 모를 그 마음

　눈매가 사슴같이 크고 선해 보이는 초등학교 6학년의 성식이는, 이야기를 나눌 때면 눈을 깊게 응시하며 집중하곤 했다. 하지만 얼마 지나지 않아 그것은 집중하는 척했을 뿐이라는 걸 알게 됐다. 성식이는 선생님과 눈을 마주칠 때는 그 눈빛을 보냈지만, 선생님이 등을 보이는 순간 바로 혀를 내밀고 우스꽝스러운 표정을 지어 보이며 반 친구들을 웃게 했고, 이로 인해 수업 분위기가 종종 흐트러졌다. 여러 가지 방법으로 주의를 주기도 하고 타일러 보기도 했지만, 소용이 없었다. 학교에서 공부도 잘하는 아이여서 친구들은 단지 장난기가 많은 친구로만 인식하고 있었다. 그러나 성식이는 말로 거짓말을 하진 않았지만 행동으로 계속 거짓말을 습관적으로 하는 아이였다. 이런 성식에게 어떤 방법으로 주의를 줘도 통하지 않자 선생님은 눈물을 글썽이며 상담을 요청해왔다.

이때 교육자들에게 가장 먼저 상기시키는 것은, 아이들은 인정과 신뢰를 받고 싶어 하는 존재라는 것이다. 아이에 대한 교사의 여전한 믿음을 느낄 수 있도록 해주는 것이 우선이다. 어쩌면 아이 자신도 모를 그 아이의 마음 깊은 진심을 교사가 먼저 알고, 아이에게 알려주어야 하는 것이다.

"아이가 사소한 거짓말을 습관적으로 하는 이유는, 자신이 무언가를 잘 해내지 못하고 있을 때도 여전히 그 사람의 믿음을 저버리고 싶지 않은 마음이 더 근원적으로 자리하고 있어서예요. 그 마음을 헤아려서 아이에 대한 믿음을 꼭 먼저 표현해서 알게 해 줘야 해요. 그래야만 아이는 불안감이 아닌 안정감 속에서 조언이나 훈육을 받아들일 수 있는 마음 상태가 돼요. 그 후에 아이의 거짓말한 내용에 대해 대화하면서 차분히 훈계하고 스스로 수정하도록 도와주면 돼요. 아이가 마음으로부터 수긍하고 받아들이는 게 중요해요."

그동안 거짓말을 하는 아이들을 위한 지도 조언을 할 때면, 아이의 그 행동을 어떻게 바라보고 도와줘야 하는지에 대해 늘 이와 같은 맥

락으로 교육해왔다. 아이의 거짓말하는 습관을 바꿔주는 방법을 모색하는 것은 중요하다. 그러나 그 이전에 언제나 붙잡고 놓치지 말아야 할 것이 있다. 그건 아이에게 내재하고 있는 보다 근원적이고 긍정적인 '관계신뢰'라는 내면적 욕구를 발견해주고 인정해주는 것이다. 그것이 미미하거나 설사 찾을 수 없는 상황일지라도, 부모나 교사는 반드시 그 마음 안에서 고민할 필요가 있다. 이는 아이가 훈육자로부터 안정감을 느낌과 동시에 자기 생각을 솔직하게 말할 수 있게 만드는 열쇠이기 때문이다.

거짓말을 선택하지 않을 질문하기

아이 엄마와의 상담 전화 후 지용이의 마음을 읽어보고자 우리는 서로 마주 앉았다. 그런데 왜 그렇게 자주 화가 나는지를 물어보자 예상치 못했던 답변이 흘러나왔다. 집에서 자주 폭행을 당하며 야단맞는 일이 흔하다고 했다. 또한 할아버지가 어머니에게 종종 큰 소리로 화내며 야단치는 모습을 자주 본다고도 했다. 그럴 때마다 지용이는 할아버지가 어머니를 대하는 태도에 화가 계속 쌓였다는 것이다. 자신이 무언가를 해냈다고 칭찬받고 싶어 할아버지께 말씀드리면 할아버지는 겨우 그 정도밖에 못 하느냐며 되레 핀잔을 주었다고 했다. 부모님의 반응도 마찬가지였다.

거짓말을 했는지 안 했는지, 왜 거짓말을 했는지와 같이 문제 자체에 집중하는 것이 아니라, 문제가 일어나게 된 원인에 대해 질문하자, 지용이가 거짓말을 자주 하게 됐던 핵심을 읽을 수 있었다. 할아버지와 부모님께 자신이 조금이라도 해낸 것에 대해 인정받고 싶고 칭찬받고 싶었던 것이다. 그래서 뭐든지 더 잘하는 것처럼 거짓말을 계속해 온 것이었다.

성식이도 비슷한 경우였다. 아버지께서 평소에는 말씀을 별로 안 하시다가 술만 드시면 새벽까지 다그치며 폭언을 하시고 잠을 안 재운다는 것이다. 그 상황이 늘 무서웠던 성식이는 어느 날 아버지가 폭언을 하실 때 자신이 잘못했다고 반성하는 표정을 지었고, 아버지의 노여움이 수그러드는 것을 보았다고 했다. 성식이는 비슷한 상황을 여러 번 경험하면서 감정과 표정을 가장해서 두려운 상황을 모면하는 거짓 기술을 배웠다.

그러나 신뢰를 보여주고, 마음을 읽어줬다고 해서 아이가 단번에 바뀔 수는 없는 노릇이다. 이미 거짓말하는 것에 익숙해져 있기 때문이다. 이럴 땐 헬퍼(Helper)로서 처음부터 아이가 거짓말을 선택하지 않을 수 있는 질문을 던져줘야 한다.

"때때로 숙제하기 싫을 땐, 잠시 쉬었다가 다시 해도 돼. 그것도 숙제하는 하나의 방법이 될 수 있어. 아니면 숙제하는 시간을 나눠서 해 봐도 좋고. 시간을 나눈다면 몇 시와 몇 시에 하고 싶어? 또 다른 너만의 생각나는 비법이 있으면 말해줄래?"

이는 '무엇을 행한 것'에 대한 결과나 평가가 아닌, '아이 존재 자체에 대한 재발견이자 인정'으로 가는 길이다. 그 선택지 안에서 아이는 해야 할 부분을 스스로 선택하게 되고, 자신에게 도움이 되는 방법도 스스로 찾게 된다. 이런 질문은 아이를 더욱더 주도적이고 적극적으로 반응할 수 있게 해준다. 그리고 거짓말하는 자신을 '스스로 돌아보고 관찰하게 하는' 진정한 훈육이 된다.

• 하루 5분, '마음 언어' 꺼내기 •

제인 넬슨 박사의 네 가지 제안

1. 머릿속에 답을 정해 놓고 질문하지 않는다.

2. 부모 먼저 솔직하고자 노력한다.

3. 거짓말 속에 숨겨진 문제를 해결한다.

4. 거짓말을 무시하고 '호기심 질문'을 해본다.

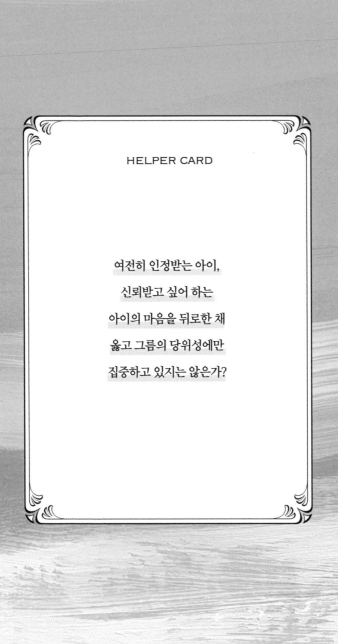

HELPER CARD

여전히 인정받는 아이,

신뢰받고 싶어 하는

아이의 마음을 뒤로한 채

옳고 그름의 당위성에만

집중하고 있지는 않은가?

당신도 아이와
대화를 나눌 수 있다

18년 전 일을 통해 만나게 된 지인이 있다. 그녀는 워낙 말이 없는 사람이었다. 그녀와 처음 만났던 날, 나는 서로의 첫 만남이 어색하지 않도록 애를 썼다. 그러다 보니 말을 하는 내내 계속해서 질문하는 입장이 되었다. 그럴 때면 그녀는 늘 "네." 또는 "아니오."로 대답이 짧게 끊어졌다. 어쩌다가 조금 길게 대답한 거라면 "그때는 그랬어요." 또는 "그렇게는 생각 안 해봤어요."라는 말로 마무리되는 게 다였다.

그녀는 강사를 지원했고, 나는 그녀에게 교수법을 도와주는 입장이었다. 그녀는 언제나 알쏭달쏭한 사람이었다. 사람들은 대부분 처음 만났다 할지라도 한동안 이야기를 나눠보면 그 사람의 성격이나 기호가 어느 정도 짐작이 된다. 또한 서로 간에 공통적인 관심사나 기호가 만나는 지점에서는 대화가 한 걸음 더 진전된다.

하지만, 그녀는 제대로 알아들었는지 못 알아들었는지, 기분이 좋은지 안 좋은지, 하나의 주제에 대해 함께 이야기를 나눌라치면 그녀가 어떤 생각을 하고 있는지 나로서는 종잡을 수가 없었다. 그런 경험은 처음이었다. 내겐, 한 마디로 어려운 사람이었다.

내가 남편을 처음 만났을 때도 '세상에 이렇게 말 없는 사람이 있을까?'라고 느꼈었는데 그 두 번째 유형의 사람을 또 만난 것이다. 그래도 남편은 내 대화에 대한 반응으로 고개를 끄덕이거나 엷은 미소를 짓거나 하면서 눈빛으로 답을 해주었다. 덕분에 남편의 생각을 어느 정도 짐작은 할 수 있었다. 그런데 그녀는 말도 없고 얼굴에는 표정조차 잘 드러내지 않는, 남편보다 좀 더 '쎈' 말 없는 강자로 보였다.

당시 우리 아이들과의 대화도 이와 크게 다르지 않았다. 워킹 맘이었던 나는 하루 종일 열심히 일하던 일터를 나설 때면 마음부터 바빴다. 집에 들어가는 시간이 늦어질수록 아이들과 함께 할 수 있는 시간은 그만큼 줄어들기 때문이었다. 급히 돌아와 아이들과 마주할 때면 마음도 급해져서 아이들이 보낸 하루를 지도, 감독하는 감독자 같은 말투로 물어보기가 다반사였다. 때론 의무감을 부여하는 말들이나 규범적인 말들을 하기도 했다.

"학교는 잘 다녀왔니?"

"네."

"밥은 먹었니?"

"네."

"씻고 숙제는 했니?"

"네."

나는 다정하고 친근한 엄마는 아니었다. 그저 감독자가 되어 묻고, 아이들은 임무 점검 대상자가 되어 단답형으로 짧게 대답하는 게 대부분이었다. 하루 종일 일을 하는 동안에는 아이들을 만나면 애정을 듬뿍 주리라 다짐해놓고는 마음과 행동, 표현은 늘 따로 놀았다. 이 얼마나 생기 없고 무미건조하며 지루한 대화인가? 아니 대화이긴 한 것인가? 이렇게 보낸 순간만큼은 세월이 지나 돌아보았을 때 기억 없는 여백으로 남겨질 가능성이 크다. 아이들에게도 일상에 대한 관심과는 요원한 대화들이다.

이런 상황을 감지할 때마다 엄마로서 우울감을 경험했다. 우리의 삶이 얼마나 다채롭고 생명력이 풍성한지를 안다면 이런 단답형 대화의 습관은 아이들과 나의 인생에 대한 결례라며 나 자신을 나무라기도 했다. 살아갈수록 삶이나 서로에 대한 관심이 더 깊어지고 넓어지고 다양해져야 하건만, 오히려 결과는 지루함과 무감각을 향하여 나아가게 만들 뿐이었다. 자유로움이 있어야 할 대화 속에 생각지 못한 경계선들이 쌓이는 형국이었다.

이런 고민으로 나의 말 습관을 진지하게 살펴보니, 내가 하는 질문이 단답형의 대답을 하게 만든다는 것을 알았다.

단답형이 긴 이야기가 되는 마법

당시 남편보다 더 말이 없어 어려웠던 그 강사의 관심사나 장점을 생각해보았다. 사람과의 관계나 대화에 관한 여러 가지 책을 참고해보기도 했다. 그녀와 대화를 이어가기 위해서는 꼭 지나야 하는 관문이었다. 날마다 대화를 이어 나가는 방법에 대해 고심했다. 그 과정에서 한 가지 깨닫게 된 것은 상대방에게 질문을 잘해야 한다는 사실이었다. 적절하게 제대로 질문하는 방법을 찾아내는 것은 생각보다 쉽지 않았다.

'어떻게 질문을 해야 그녀의 생각을 좀 더 자세하게 들을 수 있을까?'

생각이 꼬리에 꼬리를 물었다. 매일 교육하면서 그녀에게 조심스럽게 질문을 건네 보았다. 그녀의 생각을 상세하게 들으려면 단답형의 대답이 나올 수 없는 질문을 하는 게 관건이었다. 여러 번의 시도 끝에 그녀의 이야기는 조금씩 길어졌고, 덧붙이는 말들도 제법 생겨났다. 이렇게 계속 주고받는 과정에서 서로에 대해 알아가는 것도 조금씩 늘었다. 이런 노력 덕분인지 다행히도 얼마 지나지 않아 그녀와 나는 서로의 '진심'을 알게 되었다.

퇴근 후에 만난 반갑고 사랑스러운 우리 아이들에게도 그때의 경험을 되살려 질문 바꿔보기를 시도해보았다.

"밥 먹을 때 반찬은 뭐하고 먹었어?"

"오늘은 맛이 어땠어? 그중에 가장 기억에 남는 맛은?"

"내일 반찬으로 먹고 싶은 메뉴는 뭐야?"

그날 식사한 것에 관한 질문의 형태만 살짝 바꿔도 아이의 대답은 이야기가 되었다. 예전 같으면 어색했을 대화도 자연스러워졌다. 덕분에 아이의 음식에 대한 기호도 구체적으로 더 잘 알게 되었다. 그 전까지는 내 아이에 대해 그냥 자연스레 알고 있다고 생각했다. 그러나 이렇게 짧은 대화를 나눴을 뿐인데도 아이의 음식에 대한 기호조차 잘 모르고 있었다는 걸 알게 됐다. 엄마로서 내심 부끄러웠다.

질문하는 방법을 바꾸기 시작한 때부터는 그 강사의 생각을 굳이 알려고 애쓰지 않았다. 점점 자세하고 길어지는 답변을 통해 그녀의 마음을 알 수 있었기 때문이다. 말을 하는 도중에 그녀가 오랜 시간 동안 말을 멈추는 때도 있었다. 하지만 그녀의 마음이 느껴졌기에 그것이 더는 문제가 되지 않았다.

일방적인 대화는 '결과'에 초점을 맞추지만, 주고받는 대화는 '과정'에 초점을 맞춘다. 그래서 서로의 이야기에 관한 관심이 점점 늘게 되고 대화는 자연스레 이루어진다. 이 과정에서 말하는 사람은 자기 생각을 자유롭게 이야기하게 된다. 부모와 자녀가 자유롭게 이야기를 주고받다 보면 그사이에 여러 가지 질문도 오가게 된다. 이때 단답형이 나오는 질문이 아닌 서술형의 대답을 들을 수 있는 질문이 대화의 윤활유다.

대화는 '결론'을 먼저 생각하지 않고, 서로의 생각을 '나누고', '들으면서' 결론에 자연스럽게 '함께 도착'하는 것이다. 한꺼번에 많은 변화를 주려고 하거나 기대하는 시도는 오래가지 못하고 어색해지기 마련이다.

마음속으로 혼자 아이와의 대화를 상상해보자. 그리고 나의 질문에 대한 우리 아이의 예상 답변을 머릿속으로 떠올려보자. 단답형으로 나올 것 같으면 조금 더 길게 대답할 수 있도록 우리 아이의 성향을 고려해서 표현을 살짝만 바꿔보자. 아이와 얼굴을 마주할 때까지 혼자서 머릿속으로 대화의 장면을 그려보는 것이다. 이 모양 저 모양으로 블록 조각을 조립하듯 좀 더 자연스러운 표현으로 나올 때까지 계속 새롭게 조립해보자. 그래서 아이를 만나는 순간, 조립했던 표현 중에 가장 괜찮은 한 마디를 바로 꺼내보자. 아이와의 '대화'가 곧바로 시작될 것이다.

HELPER CARD

일방적인 대화는 '결과'에 초점을 맞추지만,
주고받는 대화는 '과정'에 초점을 맞춘다

대화는 서로의 생각을 '나누고', '들으면서'
결론에 자연스럽게 '함께 도착'하는 것이다

바쁜 엄마들
하루 5분

3장
———
———
바쁜 엄마를 위한
하루 5분, '틈새 대화 나누기'

위   한
틈새 대화 나누기'

아이 말에 적당히
귀 기울이는 방법

빨강 + 파랑 ≠ 보라

빨강 + 파랑 = 빨강 + 파랑

"여자가 빨간색이고 남자가 파란색이라면 둘이 만나서 보라색이 되는 것이 부부가 아닙니다. 아내는 남편을 더욱 파란색이 되게 하고, 남편은 아내를 더욱 빨간색이 되도록 서로 북돋아 주는 것이 부부입니다. 파란색을 빨간색으로 만들려고 하거나 빨간색을 파란색으로 만들려고 하면서 보라색이 되어서는 안 됩니다."

지인의 결혼식 주례사의 말이 청중의 귀를 사로잡았다. 중장년의 하객들이 소리 내어 웃으면서도 공감의 미소와 함께 고개를 끄덕이고 있었다. 부부이기 이전에 한 인간으로서 각자가 가진 인간 본연의 독특한 가치를 서로 인정하고, 존중해주고, 지켜주고, 응원해주고, 더 빛나게 해주는 게 부부만이 가진 깊은 의미 중 하나이리라.

빛의 3원색 RGB(빨강Red, 초록Green, 파랑Blue)가 언제나 모두 섞인 상태로만 있다면 우리 주변은 온통 백색광만 가득한 하얀 세상일 것이다. 마찬가지로 색의 3원색인 시안, 마젠타, 옐로가 늘 모두 섞인 상태로만 있다면 우리는 앞뒤를 분간할 수 없는 캄캄한 어둠 속에 있을 것이다. 이 땅에 발을 디디고 사는 우리 인간들도 각자가 가진 자신만의 독특한 컬러에 적당한 빛을 흡수하고 반사하는 덕분에 다채로운 색의 향연을 누리며 살아간다. 사람과 사람이 만나 대화를 할 때도 마찬가지이다. 서로가 섞여 희석되지 않고, 서로를 받쳐주며, 각자의 독특함을 기쁨으로 주고받고 누리면서 건강하게 대화할 수 있다.

비가 오나 눈이 오나 아침 9시면 집 앞 도로변에 노란 차가 멈춰 섰다. 이제 막 네 살이 된 큰아이를 태우고 갈 어린이집 차였다. 나란히 줄 서 있던 병아리 같은 귀여운 아이들을 태운 버스가 출발하고 나면, 두서너 명의 아이 엄마들이 서로 가까이 붙어 섰다. 그리고는 그중 누군가의 집으로 향했다. 병아리들을 챙겨 보내는 부산한 아침을 벗어난 여유를 함께 즐기기 위함이었다. 아이를 보내고 나면 부족한 잠을 보충하곤 했던 나는, 어느 날 한 아이 엄마의 거듭되는 초대에 여러 명의 아이 엄마들과 함께 모이게 되었다.

아이 엄마 여럿이 모인 자리는 자연스럽게 아이들 이야기, 남편 이야기, 친정과 시댁 이야기들로 채워졌다. 그 자리에 있기만 해도 누구네 집 밥숟가락, 젓가락이 몇 개인지 알 정도였다. 서로 잦은 만남을 가졌던 아이 엄마들끼리는 상대의 집안 사에 대해 서로 조언을 하기도 하고 각자의 집안 얘기들을 주고받기도 했다. 그 자리가 처음이었던 내게 여러 가지 질문들이 이어졌다. 그중에는 너무 개인적이고 내밀한 부분들에 관한 것들도 있었다. 상대의 너무 깊은 부분까지 알려고 하는 분위기는 그 자리가 처음이었던 내게는 불편했다.

얼마 후 나는 워킹 맘이 되었다. 일하는 엄마여서일까? 아이들과 통화하는 시간이라도 여유 있게 가지거나 집에서는 가능한 한 아이들과 충분한 시간을 보낼 수 있기를 바라곤 했다. 그러나 그럴 수가 없었기에 퇴근 시간이면 아이들을 조금이라도 더 빨리 보고 싶은 마음에 늘 마음부터 바빴다. 집에서 엄마를 기다리는 아이들만큼이나 밀린 집안일도 나를 기다리고 있었다.

집안일을 하느라 손과 발을 바쁘게 움직이면서도 내 머릿속은 '오늘 아이가 보낸 하루에 대해 어떻게 대화를 하면 좋을까?'를 생각하며 안테나를 세우곤 했다. 타고난 체력이 약한 탓에 퇴근할 즈음이면 몸이 파김치가 될 때가 많았다. 그럴 때면, 집안일과 아이와의 대화 중에서 우선순위를 정해야 했다. 고심 끝에 나는 가능한 한 집안일은 좀 미뤄도 아이와의 '그날의 교감'은 어떻게든 해보려고 시도하는 쪽을 좀 더 많이 선택했다.

말하기 곤란하면 안 해도 돼

성인이 된 큰아들은 평소에 말수가 적은 편이다. 그런 아들이지만 친구 얘기, 학교에서 배우고 있는 것에 관한 얘기, 체력과 근력을 더 하기 위해 매일 하는 운동에 대해서 물어볼 때면 말수가 자연스레 늘 어난다. 그렇게 대화의 물꼬가 트이면 아들과의 대화는 이것저것 또 다른 이야기들로 이어지곤 한다. 마침 고등학교 친구를 만나서 저녁 을 함께 먹고 놀다가 집에 들어왔다는 아들에게 나는 그 친구의 안부 를 물었다.

"그 친구는 요즘 어떻게 지내? 여전히 몸이 마르고 약한 상태니?"
"대학에서 전공하는 과정이 자기가 생각했던 것보다 차이가 큰가 봐요. 설명하고 알려주는 건 좋아하는 친구인데, 교생실습 때 초등 학생 아이들을 가르쳐 본 건 쉽지 않았나 봐요."
"그래? 많이 힘든가 보네."
"그래서 집에서 밤마다 종종 혼자 술을 먹고 잔다고 하더니 살이 갑자기 15킬로나 쪘대요."

아들의 일상에 대해 함께 나누고픈 생각에 그날 만난 아들 친구의 근황에 관해 궁금한 부분을 물어보며 대화를 이어갔다. 조금 엉뚱한 면이 있는 것, 역사를 좋아하는 것, 그 외에 관심사도 아들과 그 친구는 서로 통하는 면이 많았다. 얘기를 듣고 보니 그 친구가 힘든 상태에 있다는 걸 알게 되었다. 단순히 자신이 생각했던 대학 생활과 맞지 않는다는 것 이상으로 여러 가지 어려움이 겹쳐져 있는 것 같았다. 혹시라도 도울 방법이 있을까 하고 잠시 생각에 잠겼다. 그러려면 그 친구에게 또 다른 어려움이 있지는 않은지를 아들에게 물어봐야 했다. 나의 물음에 아들은 잠시 머뭇거렸다. 말하기 난처한 상황일 때는 누구나 그러하듯이, 어떻게 말을 하면 좋을지 생각하느라 약간의 곤란에 빠진 듯했다.

"아들, 말하기 곤란하면 안 해도 돼. 뭔가 말하기 쉽지 않은 부분이 있나 봐. 나중에 말할 수 있을 때 얘기해줄래? 계속 말할 수 없는 경우면 안 해도 되고."
"네. 사실 좀 복잡한 부분들이 있기는 해요."
"그렇구나. 복잡한 부분들이 잘 해결됐으면 좋겠다. 혹시 나중에라도 도울 일이 있으면 말해."

자녀의 주변 상황이나 생각들에 관해 대화를 더 깊이, 자세하게, 더 친밀하게 할 수 있으면 좋지만 때로는 자녀가 얘기하기를 꺼리는 부분이 있을 수도 있다. 그럴 땐, 굳이 알아내려 하지 않고 존중해줄 필요가 있다. 아이와의 대화를 계속하고 싶은 마음 때문에, 때로는 상황에 대해 더 자세히 알고 싶은 부모 마음 때문에 대화의 내용에 너무 깊이 들어간다면 아이가 곤란을 겪을 수 있다.

세세한 부분까지 부모가 너무 깊이 알려고 하는 느낌을 아이에게 주게 되면, 아이는 부모와 대화할 때 부담감을 느끼게 된다. 이로 인해 이야기할 부분과 숨길 부분을 나누게 되고 때론 거짓말로 적당히 둘러댈 수도 있다. 이는 부모와의 진정한 깊이 있는 대화에 브레이크가 조금씩 걸리는 순간이다. 대화에서 장애물이 생기는 것이다. 이럴 땐 너무 깊게 들어가지 않는 선에서 멈추어야 한다. 상황에 따라 귀 기울이는 정도에도 거리를 둘 필요가 있다.

이런 관계를 경험하는 아이는 자신의 사생활을 부모로부터 침해받지 않고 존중받는다고 느낀다. 또한 아이가 평소에 대화할 때도 '상대방으로부터 사생활을 침해받지는 않을까?' 하는 막연한 긴장감으로부터 자유로워지며 대화에 어려움을 느끼지 않게 된다. 대화할 때 상대방으로부터 존중감을 느낄수록 편안함을 맛보게 되고, 이는 흐름이 자연스러운 대화로 이어진다. 대화를 '자유로움 속에서' 할 수 있게 되는 것이다.

들어주기를 멈추어야 할 때도 있다

딸은 초등학교와 중학교 시절에는 공부보다 친구와의 관계가 우선일 때가 많았다. 남편과 나는 딸과 친구들에 관한 대화를 자주 나누었다. 당시에는 살고 있던 집이 아이들이 다니던 학교와 내가 일을 하던 곳보다 제법 떨어진 시골에 있었다. 매일 밤이면 퇴근하는 길에 아들, 딸과 함께 차를 타고 집으로 돌아갔다. 그때 차 속에서 친구들과 보낸 하루에 관한 딸의 이야기를 들어보면, 그날의 에피소드를 생생하게 그려볼 수 있었다. 그러다 친구와의 관계가 얽히고설킨 날에는 밤새 고민하며 늦게 잠이 들곤 했다.

딸아이는 친구에게 고민이 생기면 그때부터 그 고민이 자신의 고민이 되었다. 친한 친구끼리는 친구의 아픔도 함께 나누게 되는 것이 자연스러운 일이다. 하지만, 정이 많고 여리고 성격이 유순한 딸은 친구의 고민이나 아픔을 듣게 되면 마치 자신이 그 친구가 된 듯 고민과 아픔을 고스란히 끌어안고 골머리를 앓기 일쑤였다. 그럴 때면 자신의 고민 보따리를 풀며 나에게 조언을 구했다. 그런 딸에게 상황에 대한 분별력을 키워 주는 것이 남편과 나의 큰 숙제였다. 자신과 친구를 동일시하는 게 대부분의 가장 큰 원인이었다.

"딸, 친구 생각하니까 너무 안타깝고 마음이 아주 아프겠다. 지금은 네 생각과 감정이 여러 가지로 너무 복잡한 것 같아. 얘기를 나눠도 자꾸 꼬이고 복잡해지네. 친구를 생각하는 마음은 좋은 마음이지만 엄마는 딸이 친구 자신은 아니라고 생각해. 지금 네 마음이 아주 아프고 고민이 되는 이유를 네 입장과 친구 입장으로 나눠서 생각해 본 후에 내일 다시 아빠, 엄마랑 얘기해보는 건 어때?"

남편과 나는 딸이 하는 말을 통해서 친구와 어떤 상황에 부닥쳐 있는지, 또 마음 상태는 어떤지를 살폈다. 때로는 더 자세하게 이것저

것 물어보는 것 대신에 딸이 한 번 더 그 상황에 대해 스스로 생각해볼 수 있는 시간을 가지게 했다. 부모라도 더 깊게 자세히 알려고 하면 도와주고 싶은 의도와는 달리 더 복잡미묘해질 수가 있기 때문이다. 그러다 보면 결국은 고민하는 문제의 본질을 흐려버리게 된다.

자녀의 분별력이 자라는 과정은 육안으로는 보기가 쉽지 않고 부모가 들이는 에너지에 비해 너무나 미미하게 느껴지기도 한다. 그럴지라도 자녀에 관한 모든 것에 부모가 깊게 관여해서는 안 된다. 때로는 적정한 선에서 들어주기를 멈추어야 한다. 다채로운 상황을 그대로 보는 눈과 다양하게 바라볼 수 있는 생각의 색깔을 모두 섞어버려서 흰색이나 검은색으로 변질시켜버릴 수 있기 때문이다. 아이 스스로 생각하면서 필요한 만큼 적절히 흡수하고 반사할 수 있도록 도와주어야 한다.

이런 경험을 통해 마침내는 아이가 부모 도움 없이도 스스로 생각할 수 있는 범위 내에서 지혜롭게 분별할 수 있을 때가 온다. 그때부터 아이는 더는 잘못된 감정이 넘실대는 바다에 빠져 허우적대지 않게 된다. 그리고 언제나 문제로 보였던 상황이 더는 문제로 인식되지 않게 된다. 조금 복잡해 보여도 상황을 객관적으로 바라보며 생각을 정리하고 길을 찾는 것이 자신이 할 일임을 배웠기 때문이다.

이건 우리가 만나는 모든 사람과의 관계에서도 꼭 필요한 부분이다. 상대나 상대의 주변에 대해 많은 것을 아는 것만이 서로 간에 깊은 관계를 형성하는 것은 결코 아니다. 오히려 상대가 스스로 자연스럽게 오픈하지 않는 한 아주 사소한 것까지 알려고 더 캐묻지 않아야 한다. 상대만이 가진 생각이나 마음의 공간을 그만의 고유한 영역으로 인정해줘야 한다. 그만의 색깔을 지켜주는 것이다. 이는 오히려 서로 간에 더 건강하고 깊은 신뢰 관계를 만들어준다. 그것이 비록 어린아이 일지라도 말이다. 아이는 단지 몸집이 작거나 살아온 날이 조금 짧을 뿐 어른처럼 똑같은 '사람'임을 늘 기억해야 한다.

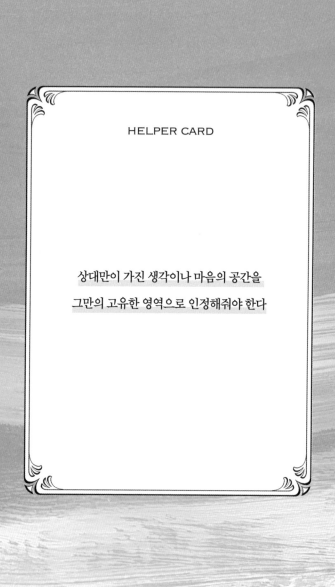

HELPER CARD

상대만이 가진 생각이나 마음의 공간을
그만의 고유한 영역으로 인정해줘야 한다

아이의 마음을 여는
마법의 언어

"언제나 갈대처럼 휘어져라. 삼목처럼 높이 솟아서는 안 된다. 갈대는 어느 쪽으로부터 바람이 불어도 바람에 따라 흔들리다가 또 제자리로 돌아온다. 바람이 없으면 제자리에 그대로 서 있을 수 있다."

유대인 랍비 얀켈의 말처럼 인간이 갈대처럼 휘어져서 거친 바람에 흔들리다가도 다시 제 자리로 돌아올 힘 그리고 제자리에 그대로 서 있을 수 있는 '힘'은 무엇일까?

그 '힘'은 세상을 가득 채우고도 남음이 있다. 인간사가 지속되는 한 사라지지 않는다. 깊은 상처가 외과 수술로 인해 회복되고, 옅은 상처가 연고로 회복되듯이 모든 아픔을 치료할 수 있다. 힘없는 다리에 힘을 불어넣어 주고, 달라진 게 없는 세상이지만 새롭게 보이도록 한다. 지나치는 모든 것에도 생기를 불어넣어 의미가 되게 한다. 딱딱한 것도 부드럽게 만든다. 숨 쉬는 것처럼 살아 있게 만든다. 그건 바로 '사랑의 힘'이다. 그중에서도 부모로부터의 사랑을 늘 경험하는 아이들은 인간 갈대의 힘을 넉넉하게 흡수하고 저장한다.

아들만 셋을 키우는 지인의 집에 처음 놀러 갔던 날이었다. 지금은 기억이 가물거리지만, 아이들이 두 살 터울로 6살, 4살, 2살이었던 걸로 기억한다. 조용한 오누이 둘만 키우고 있던 나는 남자아이들이 말 자동차를 타고 거실을 종횡무진 누비고, 심지어 그 자동차를 침대 위로 들고 올라가서 풀쩍풀쩍 뛰기도 하고, 장난감을 온 거실 바닥에 이리저리 던지며 서로 뒤엉켜 노는 모습에 한동안 넋이 나갔다.

시간이 조금 흘러 그 분위기에 조금 적응이 되었을 때, 아이들 엄마는 대화하다 말고 신나게 말 모양의 자동차를 굴리며 거실을 쌩쌩 달리던 여섯 살 된 큰아들 이름을 불렀다. 엄마가 자기를 부르는 소리에 큰아들이 달리다 말고 뒤를 돌아보자 아이 엄마는 "사랑해"라고 말하며 미소를 지어 보였다. 그 말을 들은 큰아들은 잠시 엄마를 바라보더니 금세 또 쌩하며 자동차를 몰았다.

한창 대화 중에 그 아이들 엄마는 장난감 블록을 이리저리 맞춰가며 끼웠다 뺐다를 반복하고 있던 둘째 아들 이름을 또 불렀다. 블록에 한참 집중하고 있던 둘째 아들이 블록을 조립하다 말고 고개를 살짝 돌려 엄마를 쳐다보았다. 조금 전과 마찬가지로 아이들 엄마는 아이를 향해 활짝 웃으며 "사랑해"라고 짧게 한마디를 건넸다. 아이는 끼우다 만 블록을 만지작거리며 살짝 웃어 보이더니 하던 블록 놀이에 다시 빠져들었다.

　잠시 후엔, 기저귀를 차고 이리저리 기어 다니다가 가구를 짚고 일어서기를 반복하고 있던 셋째 아이를 품에 안고 볼과 배를 비비며 "사랑해"를 연거푸 쏟았다. 그러자 아이는 간지럼을 타며 한참을 깔깔거리며 웃었다. 막둥이와의 부비부비하는 시간을 1~2분여 정도 가진 엄마는 아이를 바닥에 다시 내려놓았다. 엄마 품에서 내린 막둥이는 놀고 있는 형들을 향해서 잽싸게 기어갔다.

　그때 당시 나에게 그 광경은 낯설면서도 다소 신선한 충격이었다. 그 지인은 어렸을 때 부모님이 부부싸움 후에 아버지가 집을 나가셨고, 얼마 지나지 않아 지인이 아직도 기저귀를 차고 있을 때 엄마마저 자신을 두고 집을 나갔다. 버려진 아기는 종일토록 울었고 아기의 울음소리를 듣고 달려온 이웃이 친척을 수소문해서 막내 이모 집에 맡겨졌다. 그리고 부모 없이 친척 손에서 자라는 과정에서의 아픔과 설움을 마음으로 삼키며 성인이 되었다.

　그러나 그 지인은 부모에 대한 원망을 표현하기보다는 마음이 따뜻하고 유순했다. 가정에 대한 기준도 나름대로 반듯하게 세우고 남편의 사랑을 한 몸으로 받으며 아이들에게 넉넉한 사랑을 베풀었다. 따뜻하고 친밀하고 정감 넘치는 사랑을. 지인이 살아온 삶을 간접적으로 전해 듣고 조금 알고 있는 나로서는 자신이 받지 못했던 사랑을 그렇게 친밀하게, 사랑스럽게 표현하는 모습이 다소 놀라우면서도 생소했다.

모든 것에 생기를 불어넣어 주는 말

아기 엄마들은 아기 배며 손등이며 뽀송뽀송하고 기분 좋게 말랑말랑한 살갗 여기저기에 볼과 입술을 갖다 대며 애정을 표현하곤 한다. 그런데 나는 처음 엄마가 되었을 때, 내 어린 아기들의 살갗에 얼굴을 비비는 걸 어색해했다. 아기와 눈을 마주치고 볼에 뽀뽀 세례를 퍼붓는 정도가 그나마 덜 어색했다. 가족과 다정하게 얘기하는 말투조차도 나와는 거리가 먼 다른 나라의 언어 같았다.

남편은 나와 마음으로 깊이 공감하고 통하는 부분이 참 많다. 하지만 애정 표현에서는 나와는 아주 다르다. 남편은 내게 수시로 "사랑해"라고 말해주었다. 처음엔 시를 써서 이메일로 보내며 사랑을 표현하기도 하고 마음속의 긴 이야기를 들려주면서 사랑한다고도 했다. 그런 남편 덕분에 세월이 흐름에 따라 내 속에서 가끔 고개를 내밀던 자기 비하가 사라졌다. 나를 있는 그대로의 모습으로 받아들여 주고, 이해해 주고, 나의 약하고 못난 점보다는 늘 내가 가진 몇 안 되는 장점을 바라봐 준 남편 덕분에 어느새 치유되어 있었다.

가끔 자신에게 실망하고 때론 절망하며 눈물을 한가득 쏟아낼 때가 있었다. 과거의 모습에 메여 앞으로 나아가지 못하고 의기소침할 때도 있었다. 그러나 씩씩하게 노력하며 밝게 살아갈 때가 훨씬 더 많았다. 그러다가도 문득문득 무엇이 내 참모습인지를 몰라 괴로워하기도 했다. 그럴 때마다 남편은 "사랑해"라는 말을 내게 들려주었다. 그런데도 나는 때때로 과거와 현재 또는 미래를 오가며 생각과 감정이 시소를 탈 때가 있었다.

"당신은 왜 과거의 모습만 당신 모습이라고 생각해? 과거의 모습도 당신이고, 현재 노력하는 모습도 당신이고, 미래에 되어질 모습도 당신이야. 그 셋 다 당신이라고."

어느 날 남편이 더는 마음으로 감정의 시소를 타지 못하도록 말뚝을 확실하게 박을 한마디를 건넸다. 정신이 번쩍 들었다. 어두운 늪지대 같다고 느꼈던 과거 속에서 애쓰던 모습만이 나라고 생각할 때가 많았다. 그러나 그날 이후로 그 늪지대는 사라졌다. 남편의 한마디에 깊게 박힌 사랑의 힘 덕분이었다.

때론 일상이 무료하게 느껴지는 순간이 있다. 그렇게 느끼는 날이면 난 무심코 딸을 부른다. 그리고는 "사랑해. 태어나줘서, 엄마의 딸이어서 고마워."라는 말을 건넨다. 그런 말을 듣는 딸은 "저도요. 사랑해요. 어머니."라며 활짝 핀 웃음꽃을 나에게 선물한다. 오히려 내가 자신의 엄마여서 고맙다는 말과 함께. 딸의 눈에 보이는 엄마는 언제나 '예쁜 엄마'라고 하니 딸 덕분에 가족 간의 콩깍지도 씌워질

만하다고 생각해보게 된다.

나에게 엄마라는 이름을 처음 붙여 준 큰아들을 키우면서 초보 엄마로서 마음도 몸도 분주했다. 칭찬은 어떻게 하는 것인지도 생각이 안 나서 이 책 저 책을 보며 부지런히 찾기도 했다. 부모로서는 모든 것이 처음이었다. 대부분의 부모가 첫 아이에 대해 미안한 마음을 많이 가지듯이 나 또한 큰아들에게 미안한 것이 참 많다. 그땐 칭찬하고 싶어도 할 줄 몰라서 못 한 게 너무 많았다. 늘 하던 칭찬 몇 마디 범위 안에서 맴돌 뿐이었다.

그런데 이젠 훌쩍 자라서 군대 전역까지 한 성인이 되었다. 모든 게 기특하고 고마울 뿐이다. 성인이 된 아들이지만 어렸을 때 못했던 것을 지금이라도 기회 있을 때마다 하리라고 마음먹었다.

아들이 군 복무 중이었을 때 미군 부대에서 복무하는 특성상 외박을 자주 나오는 편이었다. 헌병이었던 아들은 보직 특성상 3교대 근무를 하는데 야간 근무조일 때 외박을 나오면 온종일 못 잔 잠을 보충하느라 조석이 바뀌곤 했다. 늦잠을 푹 자고 느즈막이 일어난 아들이 군 복무하느라 많이 애쓸 텐데도 집 안의 거실 청소와 설거지와 쓰레기 분리수거를 도와주면 마음이 짠하면서도 의젓해 보였다. 그런 아들에게 고맙다는 말과 사랑한다고 말하고 싶었다. 그냥 고맙다고만 하는 것보다 좀 더 진하게 사랑을 담고 싶었다. 그 순간 청소기를 밀고 쓰레기를 비우고 막 들어 온 아들에게 얼른 말을 건넸다.

"아들아, 넌 알고 있니?"

"뭘요?"

"네가 청소를 하는 게 깨끗하면서도 속도가 빨라졌다는 걸?"

"그래요?"

"응. 눈에 띄게 달라졌어. 대충해서 빠를 순 있지만, 깨끗하면서도 빠르게 하는 건 쉽지 않은데…. 비결이 뭐야?"

"음… 글쎄요."

멋쩍어하며 웃던 아들이 잠시 후 진지하게 생각해 본 듯 내게 와서 웃으며 말을 이어갔다.

"아마도 군대에서 일 처리를 하는 게 몸에 배어서 도움이 됐나 봐요. 군대에서는 최대한 빠른 시간 내에 제대로 잘 해내야 하거든요."

"군대 생활 덕분에 좋은 걸 배웠네. 아들이 도와주니까 엄마가 일손을 덜었어. 덕분에 쉴 수 있는 시간이 더 생겼다. 고마워."

둘은 함께 웃었다. 잠시 후 부엌으로 간 아들이 커피 한잔을 내어 오며 내게 건네줬다.

마음속 사랑의 메모 적절하게 전달하기

토요일 오후의 느긋한 즐거움을 누리고 있던 늦은 점심 즈음에, 김치볶음밥을 잘 만드는 딸이 가족들을 모두 식탁으로 불러 모았다. 딸이 만들어주는 김치볶음밥을 종종 먹어보지만 새로운 요리법을 시도할 때가 많아서 만들 때마다 맛이 다를 때가 많았다. 그날도 평소와는 다르게 치즈가 들어가 있었다. 첫 숟가락을 뜨자 맛이 부드러우면서도 고소했다.

"맛있는 볶음밥을 만들어줘서 고마워. 덕분에 잘 먹을게. 음, 부드러우면서도 고소한 맛이 더 느껴지네. 이런 맛을 내게 된 비결이 뭐야?"

"비결이요? 글쎄요. 아, 치즈 조리법이 조금 달라져서 그런가 봐요. 예전에는 볶음밥을 완성한 후에 밥 위에 얹었는데, 이번엔 밥과 밥 사이에 살짝 끼워 넣었더니 치즈가 밥 속에 골고루 녹아서 퍼진 것 같아요."

살짝 쑥스러워하면서도 자신의 요리비결을 알려주는 즐거움에 딸의 얼굴에는 기분 좋은 미소가 번졌다. 나는 그 순간 아들과 딸에게 전하고 싶어서 마음속에 틈틈이 적어두었던 사랑의 메모를 꺼내어 적절하게 아이들의 마음속으로 옮겨 쓰는 데에 성공했다. 내 사랑의 메모가 아이들 마음에 옮겨져 기록되는 순간, 우리 아이들에겐 사랑의 힘이 그만큼 더 자랐을 것이다.

영어단어를 대충 익히는 게 습관이 된 초등학교 4학년 여자아이가 있었다. 수십 개 중에 단 몇 개만을 맞는 자신이 한심하다고 느끼고 있었다. 나는 의기소침해 있는 그 여자아이에게 다가갔다. 노력하면 제대로 할 수 있다는 것을 일깨워주고 싶었다. 그 아이는 여전히 몇 개의 단어밖에 못 맞았다며 실망한 얼굴로 로비 책상에 앉아 있었다. 시험지에는 많은 비가 내려 있었고 동그라미는 간간이 있었다.

"여기 이 단어는 정확하게 다 맞았네. 영어철자도 깔끔하게 알아볼 수 있게 잘 썼고."

"제대로 맞은 건 몇 개 없어요. 거의 다 틀렸어요."

"그래? 그런데 여기 이 단어는 정확하게 맞았네. 이렇게 맞은 비결이 뭐야?"

"글쎄요. 그냥 맞은 건데요."

"아냐. 그냥 잘 맞는 건 없어. 정확하게 답이 나오려면 많이 읽어봤다거나 써보는 연습을 할 때 너만의 비법으로 쓰는 방법이 분명히 있어야 가능하거든."

예상치 못한 나의 말에 그 아이는 고개를 갸우뚱하더니 곧이어 말을 시작했다.

"아, 생각해보니까 여기 맞은 단어들은 제가 자주 본 것 같아요. 소리도 내서 읽어 보고요. 그리고 몇 번 써본 다음에 손으로 단어를 가리고 혼자 맞춰보기 게임처럼 했었어요."

"어쩐지. 그런 비결이 있었구나. 그게 너만의 비결이었네. 그럼,

아이의 마음을 여는 마법의 언어

지금은 틀린 단어들이지만 그 단어들도 같은 방법으로 해봐. 정확하게 맞추는 게 지금보다 훨씬 더 많아질걸."

그 아이는 나의 말에 함박웃음을 지어 보였다. 며칠이 지난 후, 그 아이는 시험지를 들고 활짝 웃으며 내게로 달려왔다.

"선생님, 선생님 말씀이 맞았어요. 저만의 비법으로 했더니 정확하게 맞은 게 이렇게 많아졌어요."

그 아이의 시험지를 들여다보니 틀린 건 몇 개 되지 않고 동그라미가 그 공간을 가득 채우고 있었다. 비결에 대해 처음 대화한 이후 나는 그 아이가 눈치채지 못할 범위 내에서 계속 그 아이를 살피고 있었다. 그 아이는 그날 이후, 평소보다 훨씬 더 일찍 와서 책상에 앉아 혼자만의 비법을 적용해가며 단어를 읽고 쓰는 연습을 하곤 했다. 그 이전까지 그 아이는 수업 시간 외에 혼자서 연습하고 공부하는 습관이 잘 잡혀 있지 않았다. 잘하고 싶은 마음은 컸지만, 몸의 습관은 잘하려는 것과는 거리가 멀었던 것이다. 그랬던 아이가 자신만의 비결, 곧 '자신만의 힘'을 발휘하는 실험에 재미를 붙인 것이었다. 난 그날도 아이에게 나의 마음속 사랑의 메모를 꺼내 아이의 마음속에 다시 기록해주었다.

어느 한 부분에서 닫혀있었던 아이의 마음이 열리니 좋은 습관은 아이 스스로 만들어갔다. 아이 속에는 해낼 수 있는 힘이 이미 자리하고 있었다. 단지 그것을 열어서 알게 해주는 사람이 없었을 뿐이었다. 이 일은 내게 또 다른 큰 가르침을 주었다. 모든 아이에게 잠재력이 있다는 믿음이 더욱 뿌리내리게 되었다.

아이가 무언가를 조금이라도 잘한 게 있을 때 "비결이 뭐야?"라고 물어봐 주는 건 아이의 잠자고 있는 자신감을 깨워준다. 잘난 척하는 교만으로 이어진다면 문제가 되겠지만, 아이가 자신도 몰랐던 자신의 잘한 점을 부모나 교사가 일깨워줘서 기쁨을 느끼는 정도라면 이는 사랑이 담긴 격려요, 응원이다. 또한 아무리 사소한 일일지라도 아이에게 도움을 받았다고 느끼는 순간에 부모가 "네 덕분이야. 고마워."라고 고마움을 말로 바로 표현해 주는 것도 사랑이 진하게 스며든 마음으로부터의 지지가 된다. 그리고 자신도 누군가에게 도움이 될 수 있다는 사실을 알게 되고, 의미 있고 가치 있는 일을 한다는 뿌듯함을 느끼게 된다.

어쩌면 이런 표현들이 낯간지럽게 느껴질지도 모르겠다. 나도 처음에는 이렇게 시도하는 것이 익숙하지 않았고 많이 어색했다. 한번 표현할 때도 용기가 필요했다. 다음번에 또 표현하려고 해도 여전히 쑥스러웠다. 그럼에도 서로의 마음엔 온기와 다정함으로 채워지는 게 무언중에도 느껴졌다. 상대가 누구든지 간에 상대에 대한 고마움을 말로 표현하는 것, 상대의 도움과 공로를 인정해주는 것, 사랑의 마음을 전하는 것은 서로를 향한 보약과 같다.

　기회가 있을 때마다 아이를 향해서 "사랑해"라고 말해주자. 이는 행함의 유무와 상관없이 자신의 존재 자체가 부모에게 기쁨이 됨을 한껏 누릴 수 있게 해준다. 그 기쁨은 해가 떠오르면 사라지는 이슬과는 달리 아이의 마음 저 깊숙한 곳에 스며들어 어떤 흔들림이나 불안한 상황이 와도 힘차게 발로 딛고 설 수 있는 안정감을 제공한다. 바람이 불어도 꺾이지 않고, 바람이 없을 때는 제 자리에 굳건히 잘 서 있을 수 있는 갈대처럼. 우리 아이들의 마음속에 부모로부터 온 사랑의 힘이 뿌리를 깊게 내리는 것이다.

· 하루 5분, '마음 언어' 꺼내기 ·

　일상의 모든 순간에 그리고 바쁘게 일을 하는 중에도 아이들로 인해 떠올려지는 사랑의 언어는 언제든지 생각날 수 있도록 부모 마음속에 부지런히 메모하자. 그리고 아이들이 마음이 처져 있을 때, 마음을 일으키는 말을 해주고 싶거나 가볍게 친밀한 사랑을 표현하거나 칭찬해주고 싶을 때 그 메모를 꺼내어 아이 마음속으로 옮겨주자. 이렇게 쌓인 메모는 아이의 마음을 여는 마법의 열쇠가 된다.

　　　　"비결이 뭐야? 네 덕분이야. 고마워. 사랑해."

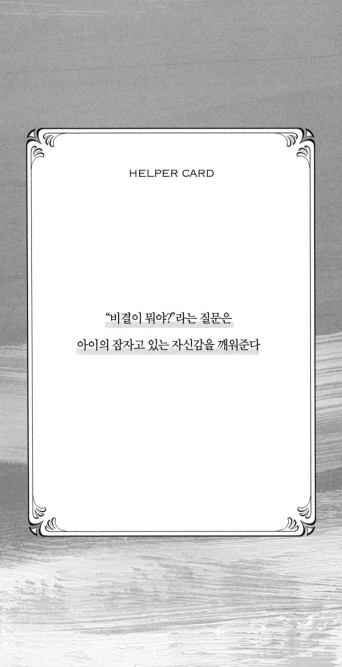

HELPER CARD

"비결이 뭐야?"라는 질문은

아이의 잠자고 있는 자신감을 깨워준다

독특한 칭찬,
"너 요즘 왜 그래?"

〈해리포터〉가 많은 사람의 사랑을 받은 이유는 여러 가지이지만, 영화의 마지막에 엄청난 반전을 보여준 것도 큰 몫을 차지했을 것이다. 이 대반전으로 관람하던 팬들을 놀라게 하면서도 안타까움과 동정을 자아내게 한 사람. 그는 바로 스네이프 교수다. 그는 차가우면서도 딱딱하게 생긴 외모에 감정이 느껴지지 않는 말투를 가졌다. 게다가 그가 하는 행동은 끊임없이 어두운 느낌을 발산했다. 그러나 그는 한 여자, 릴리만을 지고지순하게 사랑한 뜨거운 사랑의 가슴을 가진 순정남이었다. 또한 볼드모트가 두려워하는 유일한 마법사였던 덤블도어 교장 선생님과 함께 해리를 구하는 데 적극적으로 가담하기도 했다.

그가 죽고 나서야 해리는 플라스크에 담긴 그의 눈물을 통해 그의 기억을 보게 된다. 그제서야 모든 진실을 알게 된 해리는 그가 진정으로 용감한 사람이었다는 것을 알게 된다. 훗날 자기 아들의 미들네

임으로 스네이프의 이름을 따라 지을 정도로 그를 사랑하고 존경하게 되었다. 이 영화를 관람한 관객들의 대다수가 스네이프 교수의 반전을 명장면으로 꼽는다. 그리고 예상치 못한 반전이 주는 긍정적인 결과에 대한 기쁨이 영화 관람객들에게 환호성을 지르게 했다.

 '반전'이라는 낱말을 듣게 되면 어떤 이미지가 떠오르는가?
  어느 쪽이든 '반전'은 반대 방향으로 구르거나 도는 것을 의미하기도 하고 일의 형세가 뒤바뀌는 것을 뜻하는 단어다. 평소에 익숙하던 것과는 전혀 다른 반대의 상태로 나아가는 것이라고도 할 수 있겠다.

  가끔 돼지 앞다릿살을 넣어 김치찌개를 아주 맛깔스럽게 만들어주곤 하는 남편이 어느 날 김치찌개에 들어갈 육수 재료들을 꺼내 씻으며 말을 건넸다.

  "여보, 오늘도 세상에서 가장 맛있는 김치찌개를 끓여 줄게. 기대해도 좋아."
  "세상에서 가장 맛있는 김치찌개라…."

  나는 잠시 말꼬리를 흐렸다. 함께 밖에서 일하면서도 나는 남편에 비해 체력적으로는 아주 쉽게 지치곤 한다. 그것을 잘 아는 남편이 평소에도 내게 단백질을 많이 먹어야 한다며 주기적으로 고기를 먹게 해주려고 애쓴다. 자신보다 아내의 건강을 늘 먼저 생각하고 챙기려는 남편에게 나는 항상 고마우면서도 미안한 마음이 산적해 있었다. 그날은 남편에게 재치 있으면서도 즐겁게 그 고마움을 표현하고 싶었다. 아주 잠시 생각하다가 남편에게 분위기 반전의 묘미를 주는 칭찬을 찾아냈다.

"당신 요즘 왜 그래요?"
"뭘?"

맛있게 찌개를 해주려고 신이 난 남편이 갑자기 분위기가 가라앉는 듯 되물었다.

"그렇게 자꾸 요리를 맛있게 해주면 제 입맛이 고급이 되잖아요. 이러다간 이젠 밖에서 음식 못 사 먹겠어요."

생각지 못한 반전의 말을 들어서인지 남편이 피식 웃었다. 김치찌개를 끓이는 동안 남편의 흥얼거리는 멜로디도 찌개 속에 양념과 함께 뒤섞였다.

반전을 통해 전해오는 감동

딸은 방금 할 일을 알려줘도 잠시 후면 잊어버리는 경우가 많았다. 중요한 일이 아닐 때는 크게 상관이 없지만 소소한 일이어도 바로 했었어야만 하는 일인데 잊어버리는 경우가 잦을 땐 여러 번 지적을 받기도 했다. 그럴 때면 딸은 '왜 이렇게 잘 잊어버릴까?'라며 스스로 한심하다는 표현을 하곤 했다. 나는 자신에 대해 실망감을 표현하는 딸을 도와줘야 한다고 생각했다.

자신에 대해 부족한 점이나 실수가 보인다면 그 부분에 대해 깊이 되돌아보고, 고칠 것이 있다면 부단히 나아지려고 노력하면 된다. 하지만 그 일로 인해 자신을 비난하거나 평가하고 심지어는 비하하는 데까지 나아가는 경우가 있다. 이는 알고 보면 감정의 지나친 과장이다. 우리는 살아가면서 자신도 모르게 필요 이상으로 감정을 과장할 때가 있다. 문학적인 글 속에서야 얼마든지 감정을 과장할 수도 있다. 덕분에 생동감이 더 살아나서 문학적인 묘미가 더욱 두드러질 수 있으니까 말이다. 하지만 우리가 살아가는 현실에서 감정을 과장하는 경우에는 그것이 장애물이 되거나 급기야는 필요악이 되는 경우가 종종 있다. 우울감이 있을 때는 그 증상이 더욱 심화되기도 한다.

딸을 관찰해보니 자신이 관심 있는 일에는 순식간에 몰두해서 집중하는 능력을 발휘했다. 하지만 관심 분야가 아닌 부분에 대해서는 많은 것들이 자신의 인식밖에 있었다. 걷다가도 발 주변에 무언가가 있을라치면 대개 그걸 인지하지 못한 듯 스쳐 갔다. 아마도 어렸을 때 자신의 주변 정리를 그때그때 스스로 하도록 일상에서 엄마가 습관을 잘 들여 주지 못한 영향도 있으리라 생각한다. 이미 그 시간은 흘렀고, 지금 당장 딸을 어떻게 도울 것인가가 나의 숙제였다.

누구에게나 좋은 것이든 좋지 않은 것이든 '습관'을 바꾸기는 쉽지 않다. 또한, 습관은 습관으로만 바꿀 수 있는 부분이기도 하다. 잔소리하듯 싫은 기색이나 짜증을 담아 말을 건네는 것은 말을 하지 않느니만 못하다. 소아청소년클리닉 원장이자 연세대학교 의과대학 정신과학 외래교수인 육아 멘토 오은영 박사는 "훈육은 부모가 자녀를 언제나 '가르치는 것'이지 화풀이를 하거나 야단치는 것을 의미하지 않는다."라고 말한다.

자녀가 3,000번 실수하고 잘못을 반복하더라도 오늘은 어제와 다른 새로운 날이기에 오늘 또 실수가 이어진다고 해도 여전히 '화내지 말고' 자녀를 '가르치라'는 것이다. 그녀는 부모는 언제나 자녀를 '가르치는' 사람이라는 것을 매 순간 '인식'하고 있어야 한다고 강조한다.

이건 어린아이들의 육아에만 해당하는 말은 아니다. 아이들이 자라 성인이 되었다고 하더라도 부모는 여전히 자녀를 '가르쳐야' 한다. 단지 가르침의 형태가 어린아이일 때와는 다른 형태를 취하는 게 대부분이겠지만 말이다.

나는 딸을 더욱 주의 깊게 관찰하면서 딸에게 도움을 줄 방법이 뭘까를 여러 번 고심했다. 그리고 딸이 잘 잊어버리는 것은 기억하는 시간이 짧다는 것과 지시한 말을 자기 나름대로 다르게 해석해서 기억한다는 두 가지 이유 때문이라는 것을 알게 되었다.

이 두 가지를 해결하기 위해 남편과 나와 딸 셋이 모여 모종의 합의를 했다. 남편과 내가 딸에게 무언가를 지시한 이후에는 딸이 그것을 제대로 잘 알아들었는지 확인차 부모에게 되물어 보기로 했다. 그렇게 되물음으로써 부모 입장에서는 딸이 지시사항을 제대로 이해했는지를 알 수 있고, 딸로서는 받은 전달사항을 한 번 더 기억할 수 있었다. 그 뒤로 한꺼번에 눈에 띄게 좋아진 건 아니었지만 그 이전보다는 분명히 나아지는 것이 조금씩 그리고 계속 늘어서 말하지 않아도 스스로 주변을 살피면서 챙기는 것도 점점 더 많아졌다.

나는 문득 어려서부터 '사랑의 언어' 또는 '이해의 언어'를 향한 갈급함이 있었던 나 자신을 떠올렸다. 그렇게 노력하는 딸에게 내가 어린 시절에 듣고 싶었던 사랑과 이해가 담긴 응원의 말을 해주고 싶었다. 이왕이면 재치 있게 웃을 수 있는 표현으로 하고 싶어서 머릿속으로 열심히 찾던 중에 남편과의 일화가 떠올랐다.

"너 요즘 왜 그래?"

옆에 있던 딸이 멈칫하며 놀란 토끼 눈으로 나를 쳐다봤다.

"시키는 일을 안 잊어버리고 기억하는 게 많아졌잖아. 너도 느끼지?"
"그런가요?"

딸은 예상치 못한 말에 멋쩍어하며 씩 웃었다.

"오며 가며 치워야 할 것들도 말하지 않았는데 치우는 것도 많아졌고. 어떻게 해서 그렇게 좋아진 거지?"

아주 궁금한 듯 묻는 나의 말에 딸은 활짝 웃으며 대답했다.

"글쎄요…. 나아졌다니 다행이네요. 앞으로 더 좋아지겠죠!"

일상에서 부정의 뉘앙스로 쓰이는 표현 중에 하나를 골라서 사랑의 마음이 느껴지는 언어로 반전시켜 다시 말해보자. 덕분에 부정의 뉘앙스는 유쾌하고 즐거운 뉘앙스로 자리를 내어주게 될 것이다. 자주 들어보거나 우리 주변에서 자주 사용되는 말이기에 어색함도 덜할 뿐만 아니라 반전의 효과는 더 커지니 함께 웃을 일도 그만큼 더 많아진다. 예기치 않은 기쁨과 즐거움이 대화 속에서 꽃 필 것이다. 재미있고 위트 넘치며 즐겁고 사랑이 담긴 '반전' 표현의 묘미 덕분에.

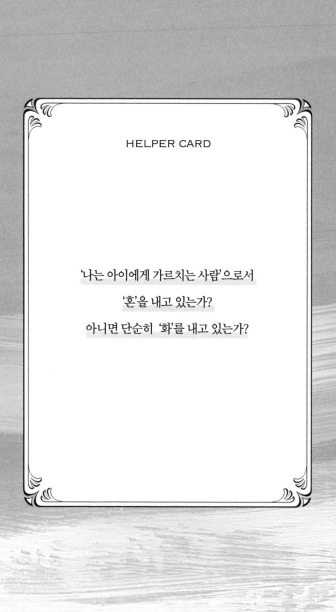

HELPER CARD

'나는 아이에게 가르치는 사람'으로서

'혼'을 내고 있는가?

아니면 단순히 '화'를 내고 있는가?

대화할 시간이 없을 때
꼭 해야 하는 말

"안녕히 주무셨어요?"

"어머니도 안녕히 주무셨어요?"

늦둥이들은 잠에서 깨자마자 이른 아침부터 앞다투어 거실로 잽싸게 나간다. 거실을 신나게 오가며 시끌벅적 인간 알람을 울려주는 동생들 덕분에 늦잠을 포기한 큰형이 아직도 덜 깬 잠을 쫓아 보내느라 눈을 비비며 거실로 나온다. 그런 큰아들에게 아이들이 하는 배꼽 인사 자세를 취하며 먼저 아침 인사를 건넨다. 그러면 큰아들도 같은 인사말로 인사를 나눈다.

예전엔 자고 일어난 아침이면 가족끼리 처음 얼굴을 마주쳐도 덜 깬 잠을 쫓아 보내느라 그냥 무심한 표정일 때가 있었다. 가족이지만 서로 무언가 밋밋하며 웃음이 별로 없는 아침이었다. 그러던 어느 날 무표정 대신 웃음이나 미소로 서로의 친숙함을 표현하는 아침을 맞이해보고 싶었다. 그래서 생각해 낸 것이 아들에게 경어를 쓰면서 배꼽 인사를 먼저 하는 것이었다. 덕분에 늦둥이들도 큰형에게 인사하는 걸 덤으로 배운다.

작년에 프랑스 유학을 하려고 준비하던 딸은 프랑스 현지에서 석사 과정을 공부하고 있거나 졸업한 멘토들에게서 일주일에 한 번씩 개인 지도를 받으며 1년 동안 포트폴리오를 만들었다. 개인 지도가 있는 날이면 딸은 늦둥이들이 곤히 잠든 시각에 자신의 방문을 닫고 수업에 열중했다. 그리고 수업이 끝나면 자신이 받았던 수업내용을 다시 노트에 정리했다. 정리가 끝나면 딸은 노트를 들고나와서 아빠와 엄마 앞에서 그날 수업한 내용을 요약해서 들려주곤 했다.

멘티인 딸이 아빠, 엄마에겐 다시 멘토가 되어 제2의 강의를 직접 하는 셈이었다. 디자인의 세계를 잘 모르는 남편과 나는 딸이 배운 것을 정리해서 설명해 줄 때마다 대부분이 새롭게 접하는 것이어서 흥미롭고 재밌었다. 딸이 일주일 동안 주어진 프로젝트를 자신만의 생각과 경험과 상상으로 버무려 완성해내는 재창조의 과정을 곁에서 지켜봤다. 이 과정을 지켜본 소감을 말로 전했다면 딸은 과한 칭찬이라며 부담스러워했겠지만, 딸은 자신에게 주어진 프로젝트 대부분을 스스로 독창적으로 고안해내고 만들어냈다.

딸의 그런 모습이 내 눈에는 이미 오랜 경력의 디자이너가 자신만의 길을 개척하듯이 예술 디자이너로서 길을 열어가는 모습이었다.

설명하는 걸 유심히 듣다 보면 궁금한 것도 많아졌다. 그럴 때마다 물어보기도 하고 또 수행한 프로젝트 결과물을 수업이 시작되기 전에 부모인 우리가 먼저 감상해보는 특혜를 누리기도 했다. 감상 후에는 모두 함께 프로젝트에 대한 느낌과 생각도 나누었다.

한동안 이런 과정을 함께 할 수 있는 여유가 있어서 우린 딸이 수업하는 날을 기대하며 기다리곤 했다. 그러나 얼마 지나지 않아 남편과 내가 새롭게 시작한 일에 할애해야 하는 시간이 많아졌다. 자연스레 딸과 함께할 기회가 거의 없어졌다. 기회가 있더라도 시간적인 여유가 많지 않아서 충분히 나누지 못했다. 그 아쉬움은 계속 쌓여갔다.

"시간 내서 꼭 듣고 싶어. 네가 배우고 있는 게 정말 궁금해. 네 작품도 구경하고 싶고. 이번 주말에 그동안 배운 내용과 작품에 대해 얘기해줄 수 있어?"

주말에 딸은 USB(이동저장매체)와 SNS(사회관계망 서비스)에 올려놓은 사진과 동영상 자료를 보여줬다. 그동안 자신이 꾸준히 수행한 프로젝트였다. 함께 살펴보는 동안 딸은 작품에 관한 이야기나 이해가 필요한 부분에 대해서는 설명을 이어갔다. 평일에 시간이 부족할 때마다 이렇게 주말이나 특정한 날을 이용해서 아이의 이야기를 듣고 나누다 보니 어느새 서로의 이야기가 되고 다음 시간을 또 기다리게 되었다.

아이의 운명에 벌써 가 닿는 말

밤늦은 시각, 각자의 방에서 자기만의 시간에 몰입하다 보면 밤 인사를 놓치는 경우가 종종 있다. 그럴 때면, 나는 딸의 방문을 두드리며 얼굴만 빼꼼히 내밀고는 "잘 자"라고 인사한다. 그때마다 딸도 잠시 고개를 돌려 잊고 있던 밤 인사로 "안녕히 주무세요"라고 인사한다. 덕분에 잠자기 전, 아주 잠시라도 서로가 서로에게 미소 짓는 얼굴을 선물한다.

다음 날 아침. 딸의 얼굴을 처음 마주치는 순간에 난 딸의 눈을 바라보며 "잘 잤니?" 또는 "안녕히 주무셨어요?"라고 웃으며 존댓말로 인사를 먼저 건넨다. "네. 안녕히 주무셨어요?"라고 딸도 눈인사와 함께 아침 인사를 나눈다. 오고 가는 짧은 아침 인사는 웃음의 기지개를 활짝 켜준다.

나는 꽃이에요
잎은 나비에게 주고
꿀은 솔방벌에게 주고
향기는 바람에게 보냈어요
그래도 난 잃은 건 하나도 없어요
더 많은 열매로 태어날 거예요

─김용택, 〈가을이 오면〉

김용택 시인의 〈가을이 오면〉이라는 시이다. 부모라는 꽃은 사랑의 잎을 아이 마음에 주고, 인내의 꿀을 아이가 꾸는 꿈에게 주고, 덕분에 쌓이게 되는 믿음과 정다움의 향기는 아이 눈빛에 담아준다. 그래도 부모가 잃는 건 하나도 없다. 추수의 계절 가을이 오면 아이의 삶에서 더 많은 열매로 태어날 테니 말이다.

지극히 평범한 아침 인사와 밤 인사이지만 아이에게 잊지 않고 건넬 때, 바로 그 순간이 부모와 자식의 마음속에 사랑의 터전이 조금 더 튼실해지는 순간이다. 부모 꽃이 아이에게 사랑의 잎을 주는 순간이기 때문이다.

사랑한다는 말을 부모가 직접 아이들에게 할 수 있다면 그보다 더 좋은 건 없을 것이다. 하지만 사랑한다는 말을 직접 하는 게 쑥스럽다고 느껴질 때는 간접적으로라도 사랑을 표현해서 사랑을 가꾸어 나갈 필요가 있다. 가령, 일을 하다가도 문득 아이들에게 사랑한다는 말을 바로 하고 싶을 때가 있다. 이럴 땐 틈새 시간을 내어 메시지 없이 귀여운 하트 이모티콘을 SNS에 슬쩍 실어 보내보자. 조금 더 표현할 수 있을 땐 고맙다는 말도 덧붙이면서.

부모라면 누구에게나 아이들이 아가였을 때 부모 품으로 뛰어 들어와 안기며 혀 짧은 말로 "아빠, 따랑해요" 또는 "엄마, 따랑해요" 하던 때가 엊그제처럼 생생할 것이다. 그렇게 보기만 해도 귀엽고 사랑스러운 아이들임에도 나는 첫 두 아이를 키울 땐 표현하고 싶어도 할 줄 몰라서 서툴렀던 때가 많았다. 애정을 잘 표현하는 방법을 찾느라 애쓰던 때이기도 했다. 어색할 때도 많았지만 내 생각과 감정에 사랑의 마음을 담아 아이들이 최대한 잘 이해할 수 있게 전달하려고 나름대로 부단히 애썼다. 좋은 표현을 찾고 또 좋지 않은 것은 바꿔가기를 반복했다. 덕분에 사소한 일들에서부터 표현에 대한 부담감이 줄어들면서 제법 속도가 붙었다.

20세기 전환기에 영국의 교육가이며 개혁가였던 샬롯 메이슨(Charlotte Maria Shaw Mason)은 그녀의 저서 《부모와 아이들》에서 이렇게 말했다.

> "행동을 심으면 습관을 거둬들이고
> 습관을 심으면 성격을 거둬들이고
> 성격을 심으면 운명을 거둬들인다."

결국 부모인 우리에게는 오늘 내가 아이를 위해 마음에서부터 시작하는 실천 또는 행함 하나가 아이의 운명에 영향을 주는 자양분이 된다는 말이기도 하다. 이는 한편으로는 긴장되는 말이면서도 동시에 큰 희망이 아닐 수 없다. 지금이라도 운명을 바꿀 행동 하나부터 심을 수 있으니 말이다.

늦둥이들을 키우고 있는 지금의 나는 예전과는 달리 사랑스러운 표현들이 자연스레 쏟아져 나온다. 스킨십과 애정 표현도 자연스러워졌다. 아가들은 특유의 천진난만함과 귀여움 그리고 사랑스러움을 발산하기에 아가들을 향한 사랑이 담긴 마음 언어들은 비 내린 강물이 굽이쳐 힘차게 흘러가듯 넘쳐흐른다. 아가라는 존재는 부모들이 사랑에 흠뻑 젖어 사랑을 배우며 재충전하라고 신이 보내준 선물이다.

이 시절이 바람 가듯 지나가 이미 성인이 된 자녀들일지라도 사랑을 표현하는 모양만 조금 바뀔 뿐이다. 성인이 된 자녀들도 여전히 부모의 관심과 사랑을 갈망한다. 부모에겐 자식을 향한 사랑하는 마음이 함께 해 온 세월만큼 더 깊어진다.

오늘 하루를 보낸 자녀에게 "시간을 내서 너의 하루 이야기를 꼭 듣고 싶어."라고 말해보자. 자녀에 대한 부모의 관심을 잘 드러낼 수 있는 평범한 말이지만 사랑의 묘약이 되는 말이기도 하다. 자녀와 함께 이야기 나눌 시간을 따로 마련해서 직접 이야기를 꼭 나눠보자. 매일 나누지 못한다면 며칠씩 모아서 얘기를 나눠도 좋다. 자녀와 이야기를 나눌 기회를 반드시 만들어보자. 직접 얼굴을 마주 보며 대화를 나눌 시간이 없다면 전화나 SNS로도 나누어보자. 더불어 밤새 각자 꿈나라를 여행하고 일어나 맞이하는 새 아침과 하루의 세상 여행을 마무리하며 잠자리에 드는 밤 시각, 서로 간에 안녕을 기원하며 사랑의 마음을 담은 인사 한마디, "잘 잤니?", "잘 자"를 건네 보자.

우리 아이 얼굴에 미소가 머금어지는 순간, 아이는 마음속의 거리를 좁히며 달려온다.

· 하루 5분, '마음 언어' 꺼내기 ·

대화할 시간이 없는 날에도 아침이면 아이에게 "잘 잤니?"라고 물어보자. 밤이면 "잘 자"라고 한마디 건네며 그저 싱긋 웃어주자. 아이의 일상을 궁금해하며 "시간 내서 꼭 듣고 싶어"라고 말해보자. 2~3초도 걸리지 않는 찰나에 아이의 마음이 열린다. 그리고 부모와 아이 사이에는 다정한 온기가 흐른다. 지금 내가 가볍게 나누는 다정한 인사 한마디는 아이의 운명에 벌써 맞닿아 있다.

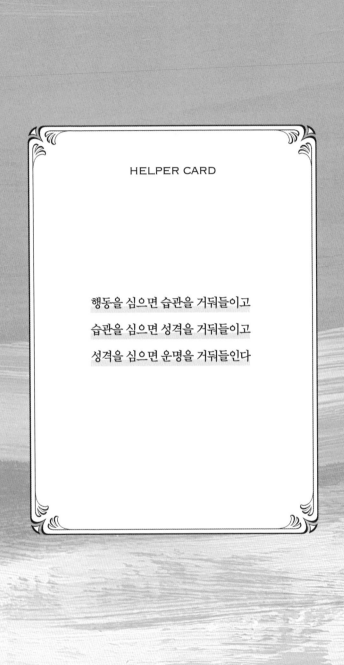

HELPER CARD

행동을 심으면 습관을 거둬들이고

습관을 심으면 성격을 거둬들이고

성격을 심으면 운명을 거둬들인다

아 주   작 은
아빠의 한마디ㄱ

4장

아주 작은 표현의 힘,
아빠의 한마디가 보여 준
위대한 기적

표 현 의   힘 ,
보여 준 위대한 기적

너의 그 한 마디 말도,
그 웃음도 나에겐 커다란 의미

"그대여 아무 걱정 하지 말아요.

우리 함께 노래합시다.

그대 아픈 기억들 모두 그대여

그대 가슴에 깊이 묻어 버리고

지나간 것은 지나간 대로

그런 의미가 있죠."

　많은 가수가 리메이크한 명곡, '걱정말아요 그대'의 가사 중 일부이다. 이 곡은 경험한 순간들은 이미 지나갔지만 지나간 대로 그런 의미가 있다고 말한다. 그렇다면 여기에서 말하는 '의미'란 뭘까?

아빠의 마음을 흔들어 놓은 그 한마디

　그동안 늦둥이를 낳은 후부터는 예전의 하던 일도 보폭을 줄여가며 시간에 최대한 구애받지 않게 일해 왔다. 덕분에 아이도 내가 직접 돌볼 수 있었다. 그런데 두 해전 1월, 새롭게 일을 확장하게 된 남편과 나는 협력해서 일해야 했다. 다시 본격적으로 일을 시작하게 되고 보니 아직 한 돌도 안 된 늦둥이와 아직도 몸이 불편해서 걷기 위해 도움을 받아야 하는 네 살 늦둥이를 돌봐 줄 누군가를 찾아야만 했다.

가끔 유치원이나 어린이집에서 교사들에 의해 유아들이 폭행을 당한 뉴스 기사를 접할 때면, 걱정은 한가득 높은 파도가 되어 휘몰아쳤다. 끔찍해서 가슴도 떨렸다. 네 살이었던 셋째는 몸이 불편한 유아들이 다니는 공립학교(유화학교)에 다행히 입학하게 되었다. 덕분에 오전과 이른 오후까지는 학교에서 생활할 수 있게 되었다. 그러나 여전히 하교 후에 집에서 두 아이를 돌봐 줄 누군가가 필요했다.

지금까지 누군가에게 아이들을 맡겨본 적이 없었다. 만약 가족이 아닌 타인이 아이들을 돌보게 된다면 아마도 당분간은 아이들이 낯선 사람과 바뀐 환경에 적응하느라 불안하기도 하고 나름대로 많이 애쓸 것이었다. 대부분의 워킹 맘처럼 나 또한 그런 생각에서는 발걸음이 저절로 멈춰지고 마음이 아렸다. '내가 좀 더 곁에 있어 주고 돌봐주면 좋을 텐데⋯.' 아가들이 커가는 모습을 곁에서 지켜보며 볼도 비벼 가며 그 소중한 시간들을 함께 하고 싶은 엄마의 마음, 일하는 엄마들의 소박하면서도 애틋한 그 소망이 내게도 계속 샘솟았다.

그렇게 고민하고 있던 상황을 함께 지켜보던 딸이 두 늦둥이 동생들을 돌보겠다고 선뜻 제안했다. 디자인을 전공하며 다니던 대학을 1년 휴학하기로 마음을 먹은 후였다. 남편과 나는 생각지도 못한 딸의 제안에 놀랐다. 우리는 잠시 머뭇거렸지만 이내 딸의 기특한 마음을 고맙게 받아들였다. 딸의 깊은 배려에 가슴이 뭉클해진 남편이 딸에게 겨우 한마디를 꺼냈다.

"우리 딸이 엄마, 아빠한테 너무 큰 선물을 주네."
"아버지, 어머니는 언제나 제게 넘치도록 주시잖아요. 전 항상 두 분께 많이 받아요."

딸의 대답에 한 번 더 머쓱해진 남편은 조용히 돌아서서 한 손으론 안경을 밀어 올리고 다른 한 손으론 눈가를 쓱 훔쳐냈다. 동생들을 돌보겠다고 먼저 손 내밀어 준 것만으로도 고마운데, 딸이 되돌려 준 대답은 아빠의 마음을 송두리째 감격으로 흔들어 놓았다. 남편은 딸에게 마음 깊은 고마움을 전했고 딸도 감사의 마음을 덧붙였다. 편안해지고 익숙해진 가족관계일지라도 서로에 대한 감사나 감동을 말로 표현해주는 것은 마음으로부터 우러나오는 깊은 사랑의 힘과 울림을 지녔다.

문득 '어떻게 저렇게 따뜻한 마음을 지니고 예쁘게 말을 하지?'라는 생각이 들었다. 돌이켜보면 특별하다고 할 만한 순간들은 딱히 없었던 것 같다. 다만 예민하지 않고 둥글둥글한 딸의 기질에다가 일상에서 아빠와 주고받는 몇 마디의 말들이 차곡차곡 쌓인 덕분인 듯했다. 먹는 걸 좋아하는 딸이 아빠표 찌개나 국이나 고기 요리를 잘 먹다 보니 남편이 종종 요리해주곤 했다.

"딸, 밥 먹으러 나올까? 나올까?"
"딸, 이젠 맛있게 먹어볼까? 먹어볼까?"

식사가 준비되면 남편은 딸을 부를 때 늦둥이들이 요즘 막 배우고 있는 '~해볼까?' 말투를 흉내 내며 말하곤 했다. 방문을 삐죽이 열고 나오는 딸에게 아가 말투를 흉내 내며 웃게 만드는 것이었다.

"맛이 어때?"
"진~짜 맛있어요!"

식탁에 차려진 아빠표 요리를 한 숟가락 먹고 난 딸에게 남편이 묻자 딸은 '진짜'를 길게 발음하며 엄지손가락을 치켜세웠다.

"아버지, 아버지가 하신 요리는 한 번도 똑같은 맛을 낸 적은 없는 것 같은데 만들어 주실 때마다 다 맛있어요."

"그래? 그럼 다음에 또 해줄게. 단, 똑같은 맛을 낼 순 없겠지만 말이야."

딸의 찬사에 입꼬리가 귀에까지 올라간 남편이 유머 섞인 대답을 하자 한동안 서로 웃음보가 터졌다. 남편과 딸은 이렇게 서로에 대한 감동을 위트에 실어서 나누기도 한다.

아이를 기분 좋게 웃게 만드는 비밀의 양념

미국 인디아나주 볼 메모리얼병원에서는 외래 환자들을 조사한 결과 웃음은 스트레스 호르몬인 코티즐의 양을 줄여주고 우리 몸에 유익한 호르몬을 많이 분비해서 "하루 15초 웃으면 이틀을 더 오래 산다"고 밝혔다. 뿐만 아니라, 미국 UCLA대학병원의 프리드 박사는 하루 45분 웃으면 고혈압이나 스트레스 등 현대적인 질병도 치료가 가능하다고 소개하는가 하면, 스웨덴의 노먼 커즌즈 박사는 환자가 10분간 통쾌하게 웃으면 두 시간 동안 고통 없이 편안한 잠을 잘 수 있다고 밝혔다.

예로부터 전해져 내려오는 말 중에 한번 웃으면 한번 젊어지고, 한번 화내면 한번 늙는다는 일소일소, 일노일노(一笑一少, 一怒一老)라는 말이 있다. 우리 몸속에서 작동하는 면역체계는 육안으로는 확인할 수 없다. 하지만 부모와 자식 간의 대화에서 웃음이 다리를 놓는다면 서로의 마음속에 사랑의 면역력은 분명히 증가한다. 그렇게 딸은 아빠에게, 아빠는 딸에게 서로서로 웃음을 선물했다.

며칠이 지난 후, 남편은 틈새 시간을 내어 딸이 좋아하는 아빠표 애호박 돼지 찌개를 만들어 주려고 로컬 푸드에서 장을 봐왔다. 그리곤 아가들이 곤히 잠든 늦은 밤, 불 꺼진 부엌에서 전기레인지 후드의 옅은 불빛만을 살짝 켜둔 채 애호박 돼지 찌개 끓일 준비를 했다. 부엌에서 들려오는 딸각거리는 소리가 궁금해진 딸이 방문을 살며시 열어 보더니, 다음 날 아침이면 아빠가 끓여 준 애호박 돼지 찌개를 먹을 수 있겠다며 신나는 목소리로 인사하고 자러 갔다.

"아버지, 저의 음식 기호의 역사는 이제 두 개로 나뉘어요. 아버지표 애호박 돼지 찌개를 먹기 전과 후로요. 너무너무 맛있어요. 나중에도 이 맛이 자꾸 생각날 것 같아요."

다음 날 아침, 자신이 좋아하는 찌개를 먹고 싶어 평소보다 조금 일찍 일어난 딸이 첫 숟가락을 뜬 후 날린 최고의 찬사였다.

"그래? 그럼, 우리 애호박 돼지 찌개 식당 차릴까?"
"에이, 그럼 얼마 못 가서 문 닫고 말 거예요."
"왜?"
"육수부터 시작해서 다 좋은 재료들만 쓰시니까 수지가 안 맞을 것 같아요."
"아…. 그 생각은 미처 못 했네."

부녀지간의 대화는 보통 이런 식이었다. 평소엔 말수가 적고 진지한 남편이 딸한테만큼은 개구쟁이처럼 장난을 거는 일도 비일비재했다. 심지어 음정 박자가 맞지 않는다며 평소엔 하지도 않는 노래를 딸이 좋아하는 음식을 해줄 때면 어느새 큰 소리로 흥얼거리곤 한다. 그 느낌과 함께 평소에 서로 주고받은 짧은 감동의 한마디가 딸의 마음밭에 웃음과 더불어 사랑이 잘 자랄 수 있는 친환경 거름이 되었던가 보다. 덕분에 딸을 통해 우리 부부는 배우는 게 훨씬 더 많아졌다.

아이가 지나가듯 하는 한마디에 서로 웃음을 주고받을 수 있는 양념으로 고마움과 감동을 버무려보자. 단, 아이의 약점에 대해 놀리면서 웃기는 한마디가 아닌, 아이의 마음을 일으켜 세워주는 한마디의 양념이어야 한다. 더 나아가 감동과 고마움이 스며든 한마디를 전해보자. 아이는 마음으로부터 우러나오는 뿌듯함과 감동의 웃음을 얼굴에 머금을 것이다.

우리 아이는 어떤 말에 기분 좋은 웃음이 번져 나올까? 부모만이 알고 있는 우리 아이를 웃게 만드는 비밀 양념 한마디를 부모 마음속 깊은 곳에 있는 양념 통에 넉넉하게 담아 보자. 고마움과 감동을 전해야 하는 순간에 진한 양념을 꺼내어 맛있게 버무릴 수 있도록.

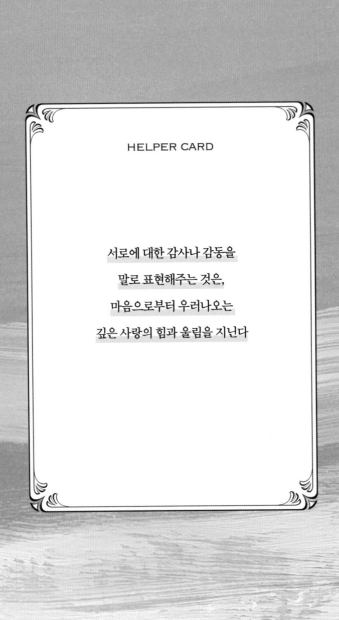

HELPER CARD

서로에 대한 감사나 감동을

말로 표현해주는 것은,

마음으로부터 우러나오는

깊은 사랑의 힘과 울림을 지닌다

웃게 만드는 존댓말

"띠더요. 띠더요. 밥 먹기 띠더요. 배 아파요."

"밥 안 먹어요. 안 먹어요."

밥 먹는 데만 30분 이상이 걸려서 늘 어린이집과 학교에 갈 시간이 빠듯한 두 살과 네 살 늦둥이의 아침 풍경이다. 막내 늦둥이가 두 살이었을 때 이른 아침 6시면 일어나 아침밥을 먹기도 전에 간식으로 배를 먼저 채워야 안정을 되찾곤 했다. 네 살이었던 형은 간식을 잘 안 먹지만 밥과 반찬은 잘 먹었다. 식성이 아빠를 닮아서 무엇이든 가리는 것이 없었다. 그렇게 평소에 잘 먹다가도 아이가 몸 상태가 좋지 않을 때면 끝까지 안 먹겠다고 떼를 쓸 때가 가끔 있었다. 낮에 돌봐줘서 친밀한 누나가 예쁜 말로 다독이며 먹여줘도 고개를 돌렸다. 특유의 혀 짧은 발음으로 "안 먹어요. 안 먹어요"를 연발했다.

동생이 못 먹어서 체력적으로 약해지면 안 된다고 생각한 누나는 어떻게 해서든 한 숟가락이라도 더 먹여 보려 하지만, 그럴수록 늦둥이 동생은 더 강하게 안 먹는다며 돌린 고개를 좀처럼 제자리로 돌리지 않았다. 그럴 때면 누나는 난감해하며 동생에게 집중할 만한 다른 것을 손에 쥐여 주고는 얼른 먹여 보려고 일명 '몰래 전법'을 써보기도 했다. 그러나 이 또한 통하지 않았다.

다음에는 내가 먹여 보기를 다시 시도했다. 아빠 바라기인 아이는 아빠가 언제나 자기편이라고 생각해서인지 고개를 한쪽으로 돌리고는 "아빠, 아빠!"만을 힘차게 불렀다. 아빠가 안 먹고 싶어 하는 자신의 마음을 알아줄 거라고 여기는 것 같았다. 아이의 이런 식사 거부 현상은 분명 몸 상태에 변화가 생긴 신호였다. 의학적으로 봤을 땐 아직 독립보행이 되지 않아서 상대적으로 장운동이나 활동량이 약해지고 소화력이 떨어져서 오는 현상이기도 했다.

그럼에도 당장 아이가 먹지 않고 학교에 가게 되면 지치고 처질 것이 뻔했다. 최대한 먹을 수 있는 만큼 먹도록 도와주는 것이 급선무였다. 이를 지켜본 남편은 식탁 의자에 앉아 있던 아이를 안아 올려 아빠 무릎에 앉혔다. 그리고는 아이의 머리를 다정하게 쓰다듬으며 귓가에 대고 속삭이듯 말을 시작했다.

"안 먹고 싶어요? 밥을 먹고 싶지 않구나. 그런데 밥을 안 먹으면 몸에서 힘이 없어지고 건강이 나빠져요. 그러면 아빠가 아주 많이 슬퍼져요. 아빠는 우리 아가가 밥을 잘 먹고 씩씩하게 힘을 냈으면 좋겠어요."

아이 눈을 쳐다보며 아주 따뜻하고 다정하게 남편이 차근차근 힘주어 말했다. 그동안 안 먹겠다고 떼를 쓰던 아이의 얼굴이 사뭇 진지하게 생각하는 표정으로 바뀌었다. 그런 후에 남편이 밥을 한 숟가락 떠서 "이제 아빠랑 밥 먹어볼까요?"라며 아이 입 앞에 갖다 댔다. 아이는 언제 그랬느냐는 듯이 입을 쏙 벌려 받아먹었다. 아빠 말을 다 이해했는지는 알 수 없지만, 아빠 말이 끝나자 활짝 웃으며 아이는 밥을 삼켰다.

"띠더. 띠더. 밥 먹기 띠더요"라던 두 살 막둥이도 작은형이 밥을 잘 받아먹고 칭찬받는 모습을 보고는 갑자기 손이 바빠졌다. 밥이 얹혀있는 숟가락을 얼른 자기 손으로 들어 입안에 갖다 넣었다. 그리고는 가족들의 얼굴을 한 명씩 쳐다보면서 뿌듯한 눈빛으로 박수를 요청했다.

아이의 마음속 대상 영속성

스위스의 심리학자 피아제는 처음으로 유아에 대한 대상 영속성(Object permanence)을 연구했다. 그는 대상 영속성이 유아의 가장 중요한 성취들 중 하나라고 주장했다. 유아는 태어나서부터 약 2세까지 감각운동기를 거친다. 그의 인지발달 이론에 따르면 이 기간이 끝날 무렵 대상 영속성의 개념을 형성한다고 한다. '대상 영속성'이란

특정 대상이 인간이 가진 다섯 가지 감각을 통해 관찰되지 않아도 계속 존재함을 뜻하는 용어다. 이는 발달 심리학 연구 분야의 핵심 개념이다.

유아마다 개인차는 있겠지만 두 돌이 채 되기 전까지는 엄마 목소리가 화장실에서 들려도 눈앞에 엄마가 없으면 엄마가 없다고 생각한다. 그리곤 두려움을 느끼며 울기 시작한다. 이는 아직 눈앞에서 대상이 없어져도 존재하고 있다는 대상 영속성 개념이 생기지 않았기 때문에 일어나는 현상이다.

일상에서 관찰되지 않는 마음속의 대상 영속성도 마찬가지다. 그 개념이 생기기 전에는 감지하기 어려운 일인 것이다. 그렇다면 과연 이럴 땐 어떻게 하는 것이 좋을까?

아직 우리말이 서툴고 대화가 자연스럽게 이루어지지 못하는 늦둥이 아가이지만 아빠가 사랑을 담은 친근한 말로 표현해 줄 때 그 마음을 이해했다. 어른도 속이 편치 않을 땐 안 먹고 싶을 때가 있는데 아마 아이도 속이 편치 않은 상태였을 수도 있다. 하지만 자신을 위하는 부모의 마음을 이내 받아들이고는 어느 정도 먹기 위해 노력하는 모습을 보였다. 아빠가 쓰는 존댓말과 목소리 톤과 분위기에서 자신을 위하는 아빠의 사랑을 감지한 것이다. 동시에 자신이 존중받고 있다고 느꼈을지도 모른다.

그날 이후로도 아이가 컨디션이 좋지 않은 날은 여전히 식사를 거부하는 현상을 보이곤 했다. 그럴 때마다 아빠가 같은 존댓말과 설명을 덧붙이면 다시 이해하고 밥을 먹고는 했다. 식사하는 자리에 아빠가 없었던 날 나는 아이에게 "밥을 안 먹으면 몸이 약해지고 건강도 나빠져서 아빠 마음이 아주 많이 슬퍼진다고 했지요?"라고 아이에게 상기시켰다. 아이는 잠시 눈을 굴리면서 생각하는 듯한 표정을 짓더니 이내 밥을 먹기 시작했다. 밥을 꿀꺽 삼킨 아이는 환한 웃음으로 화답했다. 대상의 영속성이 눈에 보이는 대상이 아닌 마음의 대상으로 이어지는 순간이었다. 아이를 향한 따뜻하고 다정한 말을 계속해서 들려주었을 때, 아빠가 없는 자리에서도 대상의 영속성은 사랑의 모양으로 바뀌어서 아이 마음에 자리 잡았다.

　당시 1여 년 동안 네 살 늦둥이의 언어치료가 필요해 토요일마다 경기도 화성까지 다녀와야 했다. 한동안은 직접 데리고 다녀왔지만 일을 본격적으로 다시 시작하면서는 체력이 다시 약해졌다. 그 뒤로 남편과 함께 운전을 번갈아가며 하거나 남편 혼자서 장거리를 다녀오기도 했다. 토요일 오전에 집을 나서면 저녁 8시가 다 되어서야 집에 도착할 수 있었다. 장거리 운전에 노곤해진 몸으로 집에 도착한 남편은 소파에 털썩 주저앉으며 두 눈을 감고 피곤함을 달래곤 했다.

　"이게 뭐야? 여기 우리 집 맞아요? 우와, 우리 따님이 집을 반짝반짝 빛나게 해 놓으셨네요! 집이 온통 깔끔하니 기분이 너무 좋아요!"

"모델하우스 같죠? 제가 열심히 치웠어요. 히히히."

장거리 운전을 마치고 온 어느 토요일 저녁, 집에 도착했을 때 가끔 딸이 애쓰는 아빠와 엄마를 위해 몇 시간 동안 대청소를 해 놓을 때가 있었다. 집에 도착하자마자 그 광경을 본 아빠는 지친 상태에서도 자기도 모르게 감탄사를 연발했다. 애쓴 노력을 알아주는 아빠 덕분에 딸은 기분이 좋아 어깨를 으쓱거렸다. 딸을 향한 아빠의 칭찬은 종종 그렇게 기분 좋은 존댓말에 실려 전달되곤 한다.

말에도 마음의 표정이 느껴진다

모처럼 여유 있게 온 가족이 저녁을 함께 먹을 수 있는 주말 저녁이면 저녁 반찬을 새로 만들기가 모호한 날도 있다. 그럴 때면, 비빔밥 비율을 잘 맞추는 남편이 맛있게 밥을 비벼 주겠다며 소매를 걷어붙인다. 냉장고에 있는 다양한 재료들을 다 꺼내어 놓고 청국장도 몇 숟가락 넣어가며 직접 만든 맛간장으로 간을 맞춘다.

잠시 후면 남편이 뚝딱 만들어 낸 비빔밥이 한가득인 커다란 프라이팬이 통째로 식탁 위에 올려진다. 가족들이 맛있게 먹어 줄 생각에 신이 난 남편은 콧노래를 흥얼거리며 아이들을 식탁으로 불러 모은다. 커다란 프라이팬을 식탁 한가운데에 두고 각자 숟가락만 들고서 옹기종기 모여 앉는다.

"맛있는 비빔밥이 나왔어요. 안 먹으면 반드시 후회할 거예요. 어서 식사하세요. 잠깐, 한 숟가락 먹을 때 조심하세요."

"왜요? 둘이 먹다가 한 명이 죽어도 모를 맛이어서요?"

"아뇨. 둘 다 죽을 맛이어서요."

남편이 던진 한마디에 아이들은 익숙한 한 마디로 되받다가 밥을 먹으려고 손에 들었던 숟가락을 동시에 멈춘다. 아빠의 존댓말에 담긴 정감과 아재 개그 덕분에 모두 함께 웃음 한 숟가락을 먼저 푸려고 말이다.

무미건조하게 느껴질 수도 있는 일상의 순간에 가족들을 향한 아빠의 존댓말은 웃게 만드는 힘이 있다. 말에도 마음의 표정이 느껴진다. 존댓말 속에 담겨 나오는 유머러스한 멜로디는 가족들을 한 자리로 모이게 하고 함께 즐거운 장단을 맞추고 싶게 만든다. 핑퐁 대화가 저절로 이어진다. 남편의 존댓말은 나오는 순간에 말이 먼저 웃고 있다. 재치 있고 따뜻하게 그리고 웃을 수 있게 만드는 힘을 품고서. 아이들에게 있어서 엄마 아빠라는 대상이 아이들의 마음속에 사랑의 형상으로 영속해가는 과정이다. 단순한 연속이 아닌 아이들의 마음속에서 오래도록 자리하는 영속하는 사랑의 힘으로 말이다.

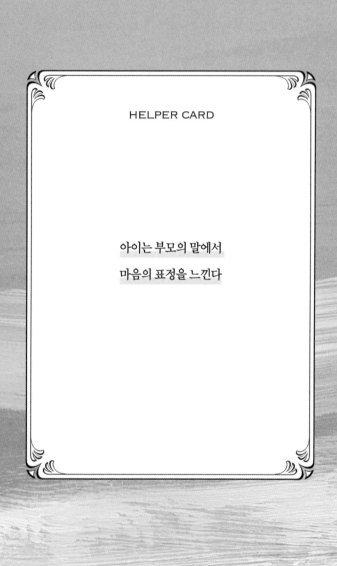

HELPER CARD

아이는 부모의 말에서
마음의 표정을 느낀다

말하지 않아도 알아요?

"저의 스승은 자연입니다.

자연은 우리에게 언제나 새로움을 보여 줍니다.

땅의 모양이나 식물이나 동물의 세계에도

어느 것 하나 똑같은 것은 없습니다.

저도 똑같은 건축물을 짓고 싶지 않습니다."

스페인의 바르셀로나를 상징하는 명물이 된 '카사 밀라'는 그가 지은 건축물 중에서도 가장 유명하다. 이는 그가 어린 시절에 아주 인상 깊게 보았던 몬세라트를 떠올리며 직접 설계한 작품이다. 몬세라트산은 뾰족하고 거친 산이 아닌 둥글둥글한 바위산이다. 거기서 받은 영감이 이 건축물을 짓는 데에 깃들었다. 천장은 석회를 사용해서 물결치는 듯한 모양으로 만들고 건물의 외관도 모두 곡선으로 만들었다. 건물 안쪽엔 위쪽이 뚫려 있어서 누구나 하늘을 볼 수 있다. 바다의 해초를 닮은 테라스의 난간과 부드러운 곡선이 건물 전체를 감싸고 있는 모습은 보는 이의 시선을 멈추게 한다.

그는 건축물의 형태를 유기적인 자연의 특성을 살려 곡면과 곡선이 풍부하게 드러나도록 설계했다. 또한 독자적인 아르누보 양식의 창출가답게 모자이크에 도자기 타일을 이용하는 등 건축물의 역사를 다채롭고도 새로이 써낸 천재적인 건축가 중 한 명인 그는, 바로 스페인이 낳은 거장 건축가 안토니 가우디(Antoni Gaudí)이다.

큰아들과 딸은 성격도 성향도 기질도 매우 다르다. 그렇게 아주 다르면서도 한편으로는 서로 잘 통한다. 아이들이 어렸을 때부터 아빠, 엄마가 맞벌이로 인해 늦게 귀가하곤 했는데 그럴 때마다 자기들끼리 저녁을 챙겨 먹었다. 둘은 밥을 먹을 때마다 그날 식사 메뉴를 새롭게 만들어보는 데에 도전했다. 간식도 직접 만들어 먹었다. 연필로 그림을 함께 그리거나 각자가 좋아하는 책을 서로 추천도 해가며 마음이 잘 맞았다. 주로 동생이 오빠를 모방하는 게 많았지만, 시간이 흐를수록 각자의 관심사대로 모방이 개성으로 살아났다.

학교에 가지 않는 토요일 아침이면, 이른 시각에 먹던 아침 식사는 자연스레 브런치로 바뀌었다. 큰아들은 피아노 앞에 앉아 자신이 느낌 가는 대로 즉흥적으로 작곡한 곡을 연주하곤 했다. 지금도 여전히 미완성인 그 곡은 당시 작곡자에 의해 변화를 거듭하며 몇 달간 토요일 아침마다 연주되었다. 그 창작곡이 온 가족에게 익숙해지던 한두 달쯤 후에, 둘의 속닥거리는 소리가 나의 느지막한 토요일 단잠을 깨웠다. 살포시 문을 열고 나와 보니 둘이 피아노 의자에 같이 앉아 있었다. 딸이 오빠에게 그 창작곡을 전수 받으려고 열심히 배우는 중이었다. 그 후로 토요일 아침이면, 같은 곡이지만 서로 연주하는 색깔이 다른 아들의 창작곡이 아침을 새롭게 채웠다.

어느 날 딸이 학교에서 악기 수행 평가가 있던 날 그 곡을 친구들 앞에서 연주했다. 많은 사람 앞에서 연주해본 적이 없던 딸은 너무 긴장해서 손가락이 멈출 뻔했는데, 그동안 계속 연습하다 보니 손가락이 저절로 움직여줬다며 안도의 숨을 내쉬었다. 선생님께서는 처음 들어보는 독특한 곡이라며 잘 들었다고 하시고는 점수를 높게 주셨다. 딸은 그 이야기를 오빠에게 전하며 고맙다는 인사와 함께 눈웃음을 지어 보였다.

기질이 서로 다른 두 오누이는 어려서부터 많은 시간을 함께 지내고 놀면서 서로에게 배우는 것도 많았다. 그래서인지 둘이 자라면서 싸운 것을 본 기억이 많지 않다. 동생인 딸은 오빠에게서 듣고 배우는 걸 즐겼다. 아들은 모르는 걸 알려줄 때 구체적으로 동생이 잘 이해할 때까지 차근차근 설명해줬다.

딸이 고등학생이었을 땐 오빠가 세계사 과외를 해주기도 했다. 설명 듣기에 재미를 붙인 딸은 시험에 나오는 걸 암기하는 건 뒤로하고 배경 이야기를 더 재미있어하며 귀를 쫑긋 세우곤 했다. 그리고는 이내 오빠가 설명해 주면 이해가 잘 된다며 다음 이야기를 재촉했다.

딸이 아들에게서 창작곡을 몇 달간 즐겁게 배울 수 있었던 것도, 요리법을 마음 맞춰 살짝 바꿔본 것도, 캐릭터를 생동감 있게 그리는 재미에 함께 빠진 것도, 세계사를 가르치고 배웠던 것도 각자가 자기 생각을 상대편이 제대로 이해할 때까지 구체적으로 꾸준히 잘 표현한 덕분이었다. 모두가 오빠와 동생이 서로의 마음속에 있는 생각을 말로 잘 전하고 받은 것이었다. 잘 표현하고 서로 잘 이해한 덕분에 거부감이 자리할 공간은 없었다.

지금, 이 순간은 우리에게 온 또다시 알려줄 기회

"아빠는 그림을 잘 볼 줄 모르는데, 딸이 그린 그림을 보면 예술작품 같아. 어떤 느낌으로 그린 거야? 딸은 마음도 따뜻하고 예쁜데 이런 재능도 있어서 아빠는 자랑스러워."

"저는 실수도 많이 하는데 제가 자랑스럽다니요? 저를 그렇게 생각하세요?"

가족끼리 함께 차를 타고 가면서 아빠는 딸에게 포트폴리오 준비하는 것에 대해 이것저것 물었다. 딸은 그동안 배운 것을 최대한 자세하게 이야기해 주었다. 남편은 딸에게 듣기도 하고 신호등 신호가 빨간불로 바뀌면 딸이 그린 작품을 보기도 하면서 딸의 아이디어와 생각 그리고 직접 그린 그림에 대해 감탄했다.

딸은 그런 감탄의 표현들이 약간은 과장된 듯해서 부담스럽다고 말했다. 또한 평소에 자신이 종종 실수하는 것들을 더 잘 기억하고 있었던 듯 의외라는 표정으로 아빠를 바라보며 되물었다. 아빠는 딸에게 고마운 마음, 사랑스러운 마음을 장난을 치거나 웃음과 농담으로 자주 표현하곤 했다. 때론 딸이 좋아하는 음식을 해주는 것으로도 전했다.

하지만, 딸은 그건 그냥 일상이라고만 받아들인 모양이었다. 그전까지 구체적으로 딸에 대해 아빠가 어떻게 생각하고 느끼는지를 직접적인 말로 표현해 주는 건 많지 않았다. 그래서인지 아빠가 자신에 대해 느끼는 자랑스러워하는 마음도, 애틋한 마음도 잘 알지 못하는 듯했다. 말로 직접 표현하진 않았어도 장난, 웃음, 농담, 음식 등의 다양한 경로를 통해 보여주었음에도 딸이 그동안 그걸 몰랐다는 사실에 남편과 나는 다소 놀랐다.

"아니 그걸 지금까지 몰랐단 말이야? 아빠가 널 얼마나 자랑스러워하는데. 고마운 것도 많고. 대견하고 기특해."
"그런 말씀 들으니까 쑥스럽네요."

딸의 되물음에 아빠도 의외라는 한 마디를 덧붙이자 딸은 멋쩍어하며 활짝 웃었다. 자녀를 훈육해야 할 상황에서는 부모라면 대부분 계속해서 말로 표현한다. 때론 넘칠 만큼 많이. 하지만 자녀에 대한 애정이나 잘하는 것들에 대한 표현은, 말보다는 다른 표현으로 대체하는 경우가 많다.

우리는 때로는 말로 표현하지 않아도 행동으로 보여주면 누구나 그느낌을 알 수 있다고 생각한다. 그러나 말로 표현해 주지 않으면 아이들은 부모가 자신을 얼마나 사랑하고 자랑스러워하고 대견해하는 지를 잘 모르는 경우도 많다.

오빠가 동생에게 알려주고 싶은 게 있거나 이해하지 못하는 게 있을 때면 제대로 알 때까지 차근차근 반복해서 가르쳐 주듯, 부모는 아이에게 부모의 관심과 사랑을 알도록 행동뿐만 아니라 말로 알려줄 필요가 있다. 그렇게 일상에서 부모가 아이를 향한 기쁨, 자랑스러움, 애틋함 등을 가볍게 자주 알 수 있게 말로 표현해 줬을 때 동생이 오빠에게 배우는 것을 즐거워했듯이, 아이는 인정받고 배려받는 기쁨 속에서 표현이 주는 즐거움 또한 배워갈 것이다.

직각과 직선을 사용해 다소 딱딱한 느낌의 실용적인 건축물들이 즐비한 건축의 세계에서 전혀 다른 자연의 유기적인 특성을 살려 아름다운 예술작품으로 탄생시킨 안토니 가우디를 떠올려보자. 그 당시 대부분의 사람이 그의 생각을 받아들이지 못했음에도 불구하고 그는 건축물에 대자연의 아름다움을 입히고 담아내는 데에 성공했다. 그의 생각과 마음을 건축물을 통해 제대로, 구체적으로, 생생하게 '표현'한 것이다. 그가 빚은 건축물들은 지금까지도 보는 이들에게 그가 품었던 생각을 '말해주고' 있다. 한번 지어지면서 '계속적으로 표현'

하고 있는 것이다. 그러기에 보는 이들의 가슴에 그 생각이 전달되고 심어져 탄성을 자아내도록 만드는 게 아닐까? 그가 '지속적으로 전달하는 표현' 덕분에 오늘날엔 세계의 많은 건축물이 자연과 만나는 예술로 탄생하고 있다.

아이들은 여러 부분에서 부모가 말로 표현하지 않으면 잘 모른다는 것을 기억하자. 이제는 아이들이 존재 자체만으로도 부모에게 얼마나 기쁨을 주는지, 얼마나 큰 선물인지, 아이들이 가진 장점이 구체적으로 어떤 건지, 현재는 뭘 잘하고 있는지, 무엇을 노력하고 있는지, 어떤 재능이 있는지, 조금씩 나아지고 있는 것이 무엇인지를 기회가 있을 때마다 계속 '표현'해주자. 부모가 사랑하고 뿌듯해하고 있음을 '아이가 알게' 하자. 이로써 아이들의 얼굴뿐만 아니라 마음에서도 유기적인 자연의 특성을 닮은 곡면과 곡선이 풍부하게 그 모습을 드러낼 수 있도록!

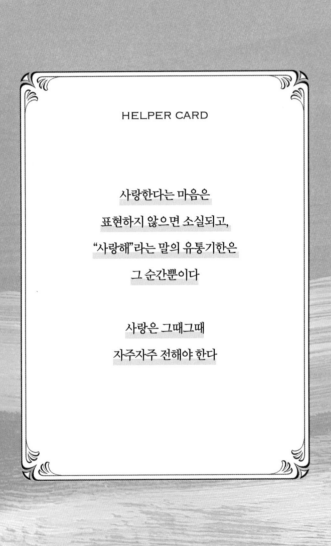

HELPER CARD

사랑한다는 마음은
표현하지 않으면 소실되고,
"사랑해"라는 말의 유통기한은
그 순간뿐이다

사랑은 그때그때
자주자주 전해야 한다

아빠의 한마디로
아이가 행복해진다

"와, 김 작가님! 사진을 아주 잘 찍으셨네요!"

"정말 아빠 말씀대로네. 정말 잘 찍었어. 이 부분만 약간 자세를 바꿔서 찍으면 더 잘 나올 것 같아. 엄마가 어떤 자세가 좋은지 알려줄까?"

더위가 기승을 부리는 변곡점에 있던 여름, 국내의 유명한 클래식 연주자들이 합동 공연하는 실내악 축제가 있었다. 막내 늦둥이가 공연 중 우레와 같은 박수 소리에 놀라 우는 바람에 아이를 밖으로 데리고 나와 공연이 끝날 때까지 주변을 산책하고 있을 때였다.

밖에 층층이 난 계단에는 한 가족이 사진을 찍고 있었는데, 아빠, 엄마, 두 아들의 4인 가족이었다. 세 사람은 포즈를 취하고 있었고 대여섯 살 먹어 보이는 형이 아빠 카메라를 들고 사진을 찍어 주고 있었다. 어린아이임에도 이리저리 움직이며 다양한 각도에서 잘 찍어보려고 심혈을 기울이고 있다는 게 느껴졌다. 내 눈에 보이는 그 모습은 아주 진지한 작은 예술작가였다. 몇 컷을 찍고 난 후, 아빠와 엄마와 동생이 사진을 보려고 형에게로 모여들었다. 사진을 보고 난 아빠는 아들을 작가라고 부르며 칭찬해주고 곁에 있던 엄마도 맞장구를 치며 사진을 더 잘 찍을 수 있는 자세를 알려줬다.

엄마의 제안을 받은 큰아들은 고개를 끄덕이며 사진을 찍는 데 도움이 되는 자세를 바로 취했다. 나머지 세 명은 다시 사진 찍는 자세를 취하기 위해 계단을 올라갔다. 큰아들은 사뭇 더 진지한 태도로 자세와 위치를 바꿔가며 카메라 셔터를 연달아 눌렀다. 잠시 후, 다시 모인 네 가족은 사진을 들여다보며 서로 흐뭇해했다. 그때 아직 세 살 정도로 보이는 동생이 자기도 찍어보겠다며 카메라를 달라고 했다. 형은 동생에게 카메라를 건네주며 엄마가 자기를 도와주었던 것처럼 동생에게 사진 찍는 자세를 알려주었다. 동생은 형이 취하는 자세를 진지하게 따라 했다.

그 모습은 마치 클래식 공연과 더불어 여운이 길게 남는 아름다운 가족영화 한 편을 동시에 본 듯한 느낌을 줬다. 그 두 아이의 미래가 궁금해지고 기대가 되었다. 원래 다정하고 따뜻한 가정에서 자라나 그런 성향을 지닌 부모인지, 아니면 자녀를 위해 부모로서 계속 노력하고 있는 부모인지, 아니면 둘 다인지는 알 수 없었다. 하지만 그 가정의 모습을 보고 있노라니 내가 지켜본 몇 분간의 그 짧은 시간이 두 시간의 감동적인 영화 못지않았다. 그들과는 일면식도 없는, 지켜보는 나조차도 그 부모에게 존중받고 인정받고 격려받는 느낌이 들었다.

"딸, 이 기회에 유럽으로 여행 가지 말고 차라리 유학을 가는 건 어때? 동생들을 돌보면서도 남는 시간과 틈새 시간을 활용해서 유학 준비를 할 수도 있을 것 같아."

"정말요?"

"이제부터 유럽 여러 나라에 있는 대학들의 입학 조건을 검색해보고 유학 방법도 한 번 찾아봐. 그리고 가능성의 순서대로 엄마한테 수시로 브리핑해줄래? 거기서 네게 가장 잘 맞는 나라를 함께 골라보자. 그리고 최대한 구체적인 정보를 갖고 아버지께 말씀드려보면 좋을 것 같아. 아버지도 이해하시고 충분히 고려해 보실 수 있도록 말이야."

전혀 생각지 못한 유학 얘기를 처음 꺼냈던 날, 딸은 지금까지 중 눈을 가장 크고 동그랗게 뜨고는 호흡이 빨라졌다. 며칠간 많은 유학 관련 정보를 스스로 검색하더니 네 군데의 나라로 정보를 압축했다. 그리곤 스스로 비교분석을 해본 결과 학비가 저렴하면서도 외국인 대학생들에게 혜택도 많은 미술의 본고장인 프랑스로 가고 싶다고 했다.

"아버지께서 과연 프랑스 유학을 보내주실까요? 국내도 아니고 외국에, 그것도 딸 혼자 가는 거여서 안 된다고 하실 것 같아요."

프랑스로의 해외 유학이라는 생각에 온통 가슴이 들뜬 딸이 최종적으로 받아야 하는 아빠의 허락 여부를 걱정했다. 나는 딸에게 자신의 고정관념의 잣대로 시도해보지도 않고 안 된다며 미리 판단하고 체념하지 않도록 조언했다. 그리고는 저녁에 아버지께 직접 물어보라며 답변의 공을 남편에게로 넘겼다.

아빠의 짧은 한마디

그때가 딸이 늦둥이 동생들을 1년간 돌봐주겠다고 한지 일주일쯤 지난 때였다. 딸이 아이들을 돌보기 시작하면 제2의 엄마 역할을 해야 하기에 하루라는 시간이 바람처럼 빠르게 지나갈 것이었다. 또한 그렇게 육아에 쏟다 보면 어제와 똑같은 날인 것 같은 다음 날을 맞이하는 감정의 기복도 생길 수 있었다. 엄마라면 자식들의 재롱이 하루의 고단함을 씻어 주기도 하겠지만 누나인 입장은 또 다를 것이기 때문이다.

처음엔 아가들을 돌보는 전혀 생소한 여정을 시작하게 될 딸에게 여행의 기회를 주고 싶었다. 여러 곳을 다니며 마음이 트이는 쉼과 새로운 에너지 충전의 기회를 먼저 충분히 누릴 수 있도록 선물해 주고 싶었기 때문이다. 나는 3월이 시작되면 본격적으로 더 바빠지게 되어 내가 집에서 아이들을 돌볼 수 있는 시간적 여유가 없게 될 것을 감지했다. 그래서 지체하지 않고 딸에게 여행을 제안했다.

"딸, 3월이 오기 전에 엄마가 동생들을 돌볼 수 있을 때 외국으로 여행 한 번 다녀오는 건 어때?"

중학교 때 수학여행으로 중국을 다녀온 게 해외여행의 전부였던 딸은 생각지도 못한 여행 제안에 깜짝 놀랐다. 딸에게 어디를 여행하고 싶은지 물었더니 그동안 해외여행을 간다면 꼭 가보고 싶은 곳이 있었다며 '볼리비아의 우유니 사막'에 가보고 싶다고 했다. 나는 예전에 우유니 사막에 대해 들어본 기억이 났다. 인터넷을 검색해보니 노을빛을 품은 아름다운 하늘의 장관이 호수에 그대로 투영된 사진이 눈을 사로잡았다. 어느 것이 하늘이고 호수인지를 구분할 수 없는 수정처럼 맑고 아름다운 사진이었다.

잠시 생각에 잠겼던 딸은 가족이 함께 가면 어떻겠냐고 제안했다. 그때부터 가족여행의 가능성을 타진하려고 더 자세히 정보를 살펴보던 중에 해발고도 3,653m라는 글을 보았다. 어린 아가들을 동반해서는 갈 수 없는 곳이었다. 우리는 늦둥이들이 커서 기회가 올 때 그때 가보기로 한 후 당장의 가족 동반 여행 가능성은 내려놓았다. 어떻게든 여행의 기회를 주고 싶었던 나는 딸에게 유럽 여행을 다시 제안했다.

다양한 정보를 검색해보면서 가보고 싶은 곳, 가서 하고 싶은 것들을 생각해보라고 했다. 딸은 여기저기를 검색해보더니 디자인을 전공해서인지 프랑스를 가보고 싶다고 했다. 프랑스를 중심으로 여행하면서 주변국인 독일, 오스트리아, 이탈리아, 스페인을 덤으로 돌아보는 것으로 여행 계획의 가닥을 잡았다. 그러던 중 프랑스를 자주 다녀오는 지인의 얘기가 생각났다. 온 가족이 예술가 집안인 그분은 프랑스 루브르 박물관에서만 한 달을 보내고도 더 있지 못해 아쉽다고 말했었다. 갑자기 그림과 색감과 디자인에 관심이 많은 딸에게도 한 달 여행은 부족할 것 같다는 생각이 들었다.

　대학 생활 일 년 동안 딸은 디자인에 대해 많은 걸 배웠다고 했다. 이전에는 다른 사람들 앞에서 발표하는 걸 쉽지 않아 하던 딸이었지만, 학교 과제로 주어진 프로젝트를 자주 작업하고 발표하면서 발표 능력도 많이 향상됐다. 방학 전에는 수일간을 밤새워 작업하더니 창의적인 디자인 아이디어 발표대회에서 1등을 수상하며 장학금을 받기도 했다. 그렇게 한 해를 보낸 딸이 방학을 맞았을 때 문득 나에게 이런 말을 했다.

　"어머니, 학교에서 배운 것도 많아서 감사한데 제가 좀 더 배우고 싶은 부분이 채워지지 않는 한계가 느껴져서 아쉬움이 많아요. 좀 더 폭넓고 깊게 배울 수 있는 학교에 다니고 싶다는 생각이 자꾸 들어요…."

딸은 지나가는 말처럼 가볍게 한 말이 아니었다. 대학 생활 동안 경험하고 느낀 것을 진지하게 돌아보며 말했던 것이다. 4차 산업 혁명 시대에 이미 발을 담근 지금, 세상의 변화는 인간에게 새로운 숙제를 계속 던져 주고 있다. 인간이 할 수 있고 또 해야 하는 것은 기계가 할 수 없는 영역을 찾고 개발하고 그곳에 에너지를 집중시켜 나가는 것이다. 그 영역을 활성화하는 핵심 중에는 인간만이 가진 창의력의 힘이 많은 부분을 차지한다는 것을 나는 알고 있다.

창의력은 어떤 것이든 본질에 마음을 기울이고, 자신의 관심 분야와 잘하는 능력을 함께 모아 서로 다른 성질의 것들도 융합하고 또 새롭게 분리, 재창조할 수 있게 만든다. 상황이나 사물, 관계에 있어서까지 여러 각도에서 다양한 시각으로 접근하고 바라볼 수 있는 힘이기도 하다. 이 중요성을 알고 대학원에서 창의교육을 전공한 나로서는 딸이 말꼬리를 흐렸던 그 말을 마음에 늘 품고 있었다. 그리고 '어떻게 하면 딸에게 더 다양하고 깊고 풍성한 삶의 에너지를 갖게 해줄 수 있을까? 어떻게 하면 좋아하고 잘 할 수 있는 분야와 연결할 수 있도록 도와줄 수 있을까?'를 계속 생각해 오던 터였다. 딸의 앞날에 대해 늘 길을 찾고 있었던 나는 딸의 여행을 계획하다가 유학으로 생각이 펼쳐지게 되었다.

그동안 평소에도 아들과 딸이 살아갈 미래에 대해 남편과 자주 이야기를 나누곤 했다. 한창 꽃 피워야 할 20대, 30대 젊은이들이 실업을 걱정하며 전전긍긍하는 뉴스를 접할 때마다 같은 나이대의 자녀를 둔 부모로서 마음이 아팠다. 이 시대를 살아가는 우리는 아이들이 자기 자신의 존재 의미를 더 깊게 알아가며, 창의적인 아이와 어른으로 생각하고 성장하며 살 수 있도록 도와야 한다. 자신이 좋아하고 잘 할 수 있는 것을 찾을 수 있도록, 그날 나누었던 유학에 관한 딸과의 대화를 남편에게 미리 귀띔해 주었다. 저녁에 귀가한 남편에게 딸이 주저하며 조심스럽게 말문을 열었다. 아빠에게 물어보는 딸의 말은 꼬리가 점점 더 내려갔다.

"아버지, 제가 만약… 프랑스에서… 디자인 공부를 하고 싶다면 보내주실 거예요…?"

잠시 뜸을 들이던 남편이 딸에게 대답했다.

"딸 덕분에 아버지가 프랑스 여행은 제대로 하겠네! 그나저나 아버지는 딸이 매일매일 보고 싶어서 어떡하지? 벌써 가슴이 먹먹하다."

"…. 아버지, 감사해요."

아버지의 이 짧은 한마디에 갑자기 조용해진 딸의 눈에 눈물이 차올랐다. 그 울음 속에서 딸은 웃고 있었다. 아빠는 두 손으로 딸의 어깨를 살짝 감싸 주었다. 그날은 남편과 나와 딸이 식탁에서 오랫동안 마주 앉았다. 그동안 딸이 모아놓은 나라별 유학의 장단점에 대해 분석한 내용을 살펴보고 또 궁금한 건 물어보기도 하면서 밤이 늦도록 이야기꽃을 피웠다. 딸의 새로운 시작을 함께 기대하면서.

고사리 같은 손으로 가족사진을 열심히 찍어 주던 아들에게 제대로 된 칭찬과 감동을 담았던 아빠의 짧은 한마디, 허락해 줄 가능성이 너무도 요원해 보인다고 말끝을 흐리며 물어보는 딸에게 돌려준 아빠의 감동적인 짧은 답변 한마디는 아이들에게 행복감을 넘쳐흐르게 했다. 두 아이 모두의 행복감에 푹 젖은 그 얼굴을 당신이 직접 봤다면, 당신 또한 행복에 젖어 들었을 것이 분명하다. 신뢰와 존중, 그리고 사랑이 담겨있다면 아빠의 한마디 말만으로도 때론 더욱 강력한 행복 에너지를 줄 수 있다.

HELPER CARD

신뢰와 존중, 그리고 사랑이 담겨있다면,

단 한마디 말만으로도

강력한 행복 에너지를 줄 수 있다

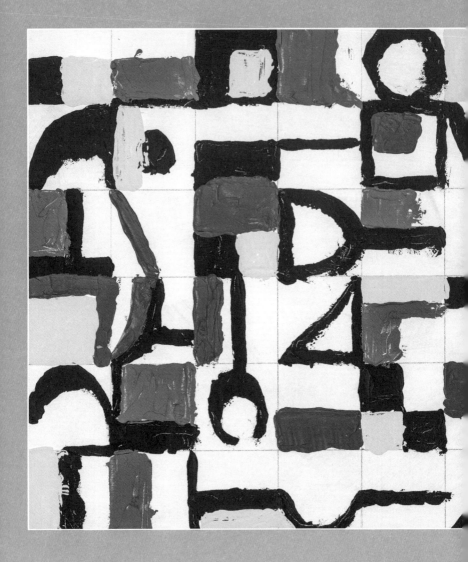

욱　　　，　　　　하　　　그

엄　　　　　　　마　　　　으

5장
————
욱, 하고 화내는 엄마의
감정 조절법

'했잖아'가
기분 좋게 들리는 이유는?

"엄마가 준비물은 항상 잠자기 전에 챙겨 놓으라고 했어, 안 했어? 몇 번을 말해야 알아듣겠어? 아 정말 짜증 나."

지은이 엄마는 한쪽 손엔 차 키를 챙기며 다른 한 손으로는 재빨리 아이 학교 가방 지퍼를 열어보고는 거칠게 닫아 올리며 딸에게 쏘아붙였다. 지은이 엄마의 마음 저 밑바닥에서 짜증이 금세 틈을 비집고 올라왔다.

창밖엔 이른 아침 출근길을 재촉하며 재빠르게 걸어가는 사람들과 차들로 붐볐다. 지은이 엄마는 거의 매일 아침 반복되는 비슷한 상황에서 오늘도 짜증 섞인 말을 툭 던지듯 내뱉고야 말았다. 집을 나서면 불과 5분도 채 되기 전에 후회하게 될 그 말을.

그날 퇴근 후에 오랜만에 시간을 내어 지은이 엄마를 만났다. 그녀는 아침에 딸에게 했던 자기 말을 연신 후회하며 푸념 섞인 말을 계속 이어갔다. 종종 되풀이되는 자신의 잘못된 말 습관 때문에 온종일 어깨에 힘이 빠져 있었다고 했다.

"오늘 하지 말았어야 할 말을 또 생각 없이 툭 내뱉었지 뭐야. 참, 이게 하루 이틀도 아니고. 난 왜 화가 나면 물불 안 가리고 생각 없이 말이 먼저 튀어 나가는 걸까? 넌 그런 적 없어?"

그녀는 눈에 넣어도 아프지 않을 외동딸 지은이에게 또 말로 상처를 준 것 같아 괴로워하며 한숨을 지었다. 친구가 겪고 있는 딸과의 어려움을 전해 들었을 때 그 친구를 오랜만에 만난 나는 무어라 대꾸할 말이 선뜻 떠오르지 않았다. 어설프게 위로하고 격려해 주려고 했다가는 자칫하면 친구의 마음을 더 아프게 할 수 있었다. 자식을 키우고 있는 같은 부모의 입장이라 하더라도 어설픈 맞장구는 차라리 안 하느니만 못할 수 있음을 알기 때문이었다.

미국의 유명 방송인이자 작가인 셀레스트 헤들리(Celeste Headlee)는 자신이 좋아하는 한 친구의 아버지가 돌아가셨을 때, 극도로 심란한 상태에 있던 그 친구에게 무슨 말을 해주어야 할지 알 수가 없었다고 한다. 슬픔에 빠져 취약해진 사람에게 적절한 말이 무엇인가를 고민하다가, 그녀가 아버지 없이 자랐다는 사실에 관해 이야기를 늘어놓기 시작했다고 한다.

그녀는 그저 자신의 친구가 혼자가 아니라는 사실을, 그녀도 비슷한 일을 겪어봤기 때문에 그 친구의 기분을 이해한다는 사실을 알려주고 싶었던 것이다. 하지만 그녀가 말을 마쳤을 때 그 친구는 오히려 그녀가 자신의 기분을 조금도 모른다며 쏘아붙였다고 한다. 그녀는 그 친구를 위로해주기 위해 자신이 편안하게 느끼는 주제, 즉 그녀 자신에 관한 이야기를 늘어놓은 것이었다. 의식적인 수준에서는 그녀가 그 친구와 공감하려고 노력하고 있었는지는 모르지만, 실제로 그녀가 행한 건 그 친구의 고통에서 관심을 끌어와 그녀에게 집중시킨 것이 전부였다고 당시를 회고했다.

그녀는 그 경험을 통해 자신의 경험을 공유하는 행위가 의도와는 달리 정반대의 효과를 낼 수도 있다는 것을 깨닫게 되었다고 했다. 어려움에 부닥친 사람들이 필요로 하는 건 자신의 이야기에 귀를 기울여 주면서 자신의 경험에 공감해 주는 것이다. 하지만 그녀는 도리어 그 친구에게 자신의 이야기를 듣고 자신을 인정해달라고 강요하고 있었다고 고백했다.

나 또한 지은이 엄마의 고민에 쉽게 나의 경험을 공유하는 시도가 도움이 되지 않을 수 있겠다는 생각이 들었다. 그래서 그녀가 하는 말을 들어주는 것에만 집중했다. 그러나 나도 딸을 향한 비난의 목소리를 잠재우느라 침을 꼴깍꼴깍 삼키며 스스로 진정하려고 애쓴 적이 한두 번이 아니었다.

평소에 방을 정리하는 습관이 부족했던 딸에게 방을 청소하고 정리하도록 늘 같은 말을 되풀이해야 할 때면 마음이 먼저 불편감으로 가득 차곤 했다. 밤낮으로 답을 찾느라 무던히도 애쓰며 노력하던 때였다. 도움 될 만한 책들도 두루 살펴봤지만, 딸에게 바로 적용하기에는 대부분 이질감이 먼저 느껴졌다. 그렇다고 너무 어색하게 평소에 사용하지 않던 교양이 철철 넘치는 말을 갑자기 사용하는 건 더 적절치 못할 것 같았다. 그건 딸에게 오히려 약간의 거부반응을 일으키거나 진심과는 거리가 멀게 느껴지게 할 수 있었다. 그렇게 찾고 또 찾으면서 내 딸아이에게 가장 자연스러운 방법들을 부모로서 하나둘씩 터득해갔다.

기분 좋은 말투로 변신하는 부정적인 말투

이제는 비슷한 상황이 와도 그런 불편한 마음 없이 내가 어떻게 하면 딸의 마음에 상처를 주지 않으면서도 딸의 잘못된 습관을 바꿀 수 있을까에 대해서만 생각한다.

몇 년 전에도 비슷한 상황이 있었다.

'어떻게 하면 더 따뜻하고 정감 넘치게 딸에게 권유할 수 있을까? 어떻게 하면 정리하는 인식의 습관이 먼저 들 수 있도록 도와줄 수 있을까? 어떻게 하면 딸이 엄마의 지도를 흔쾌히 받아들이게 할 수 있을까? 어떻게 하면 잘못된 습관을 스스로 바꿔 가게 할 수 있을까?'

그렇게 딸에게 도움 되는 표현을 찾던 중에 부정적인 표현으로 가끔 사용했던 '했잖아'라는 표현이 떠올랐다. 화날 때 가끔 사용하던 표현이었기에 부정적인 어감으로 딸에게 느껴질 것이라는 생각이 들었다. 하지만 동시에 그 표현을 긍정적인 어감으로 딸에게 사용한다면 그동안 아이 마음속에 자리하고 있었을 부정적인 어감을 내보내 버릴 수 있는 기회가 되기도 하겠다는 생각이 들었다. 또한 딸을 인정하는 말로 대체해서 사용한다면 자존감도 더 북돋울 수 있겠다는 생각이 내 뇌리를 번개처럼 스쳐 갔다. 간극이 클수록 그 효과는 더 클 것이었다.

여기까지 생각이 미친 나는 딸이 없을 때 아이의 방을 자세히 둘러보았다. 여전히 정리가 채 안 되어 여기저기 산만한 느낌이었다. 그럼에도 나는 딸에게 방 정리에 대한 좋은 말을 할 거리를 하나라도 찾아내려고 계속 살폈다. 양말 서랍을 열었을 때, 양말과 속옷이 가지런히 잘 정리되어 있었다. 그러자 갑자기 중학교 때 종종 숙제를 깜박 잊곤 했던 딸이 숙제장에 기록하는 습관을 들이기까지 나름대로 노력하던 모습이 얼핏 떠올랐다. 그때 딸은 숙제를 잊지 않으려고 손바닥에도 숙제를 쓰고, 손목에도 숙제를 썼다.

"어, 어머니가 계시는지 몰랐어요. 아직도 방을 못 치웠어요. 조금 있다가 오늘은 꼭 정리할게요. 자꾸 깜박해서 죄송해요."

내가 딸의 방을 둘러보고 있는 사이에 어느새 외출했던 딸이 방으로 들어서다 말고 먼칫하며 중얼거리듯 말했다.

"인제 와서 보니 자꾸 깜박하는 건 아닌 것 같은데! 그동안 방 정리하는 습관 잘 길러본다고 하더니 드디어 너 스스로 이렇게 양말 서랍이랑 속옷을 깔끔하게 정리했잖아. 그리고 이제 막 생각났는데 말이지. 네가 중학교 때 숙제를 잊지 않으려고 네가 손바닥이랑 손목에도 써가며 노력했었잖아. 네가 스스로 약속한 걸 지키려고 어떻게든 노력했잖아. 네게 그런 노력이 있었다는 걸 알아. 노력한 만큼 깜박하는 횟수는 줄어든 거잖아. 좋은 습관이 조금씩 더 생기고 있다는 뜻이지."

나의 말에 딸은 뜻밖이라는 듯 약간 어리둥절한 표정을 지으며 잠시 고개를 갸우뚱거렸다. 이내 머리를 긁적이더니 딸은 살포시 웃었다. 나는 딸의 어깨를 가볍게 감싸 안으며 함께 소리 내어 웃었다. 예전에 딸과의 대화를 서먹하게 하거나 불편하게 만들었을 수도 있을 짜증 섞인 나의 '했잖아'라는 말을 분위기가 전혀 다른 그릇에 담았다. 덕분에 내가 평소에 바꾸고 싶고 또 때론 고치고 싶었던 말이 오히려 아이와의 대화를 더 진전시키게 만드는 재료가 되었다.

평소에 고치고 싶었던 말투를 이제는 기분 좋은 어투로 자녀를 인정해주는 데에만 그 말을 쓰도록 반복해서 연습해보자. 부모가 잔소리처럼 자꾸 똑같은 말을 되풀이해서 자녀에게 강요로 다가가게 되는 말을 더는 하지 말자. 설사 변명처럼 느껴지는 말일지라도 자녀가 하는 말을 듣는 것에 오히려 더 집중하자. 꼭 해야 할 말이 있을 땐, 부정이 아닌 긍정의 느낌 또는 긍정의 분위기에 그 말을 싣자. 예전에는 좋지 않게 썼던 표현들이 자녀와의 대화 진전의 동아줄로 바뀐다.

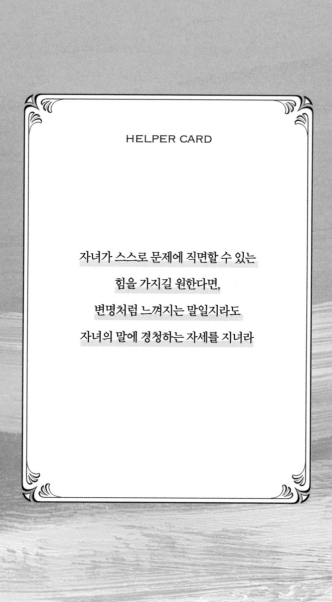

HELPER CARD

자녀가 스스로 문제에 직면할 수 있는

힘을 가지길 원한다면,

변명처럼 느껴지는 말일지라도

자녀의 말에 경청하는 자세를 지녀라

'하지 마'라고
말하지 마

'권위'는 자신이 속한 분야에서 남다른 능력을 발휘해서 사회적으로 인정을 받거나 좋은 영향력을 끼칠 수 있는 위신을 뜻하는 말이다. 권위 있는 자의 지휘와 통솔하에 다른 사람들은 그 권위자를 자연히 따르게 된다. 일반적으로 손아랫사람이 손윗사람에 대해 갖는 태도나 이미지가 이와 연관된다. 하지만 이는 일반 사회 조직에서만 적용되는 게 아니라 부모와 자식의 관계에서도 적용된다. 우리는 부모라는 이름표를 달게 되는 순간부터 자연스레 권위를 부여받는다. 자녀들이 성장하는 과정에서 이 권위가 잘 사용되고 제대로 발휘되어야 한다.

수많은 세대를 거듭하면서 이 권위는 그 본질과 의미에서 퇴색되거나 왜곡되는 일이 많아졌다. 이로 인해 권위의 사용 범위나 효과 부분에서 혼동이 많은 것도 사실이다. 이는 권위와 권위주의의 의미가 뒤섞여버리는 혼동을 낳기도 한다. 권위를 행해야 할 자리에 권위주

의가 대체되는 것이다. 그 결과는 양극단을 낳을 만큼 첨예하다.

아침에 딸이 걸어 나오는 모습을 보니 밤새 잠을 잘 자지 못한 듯 얼굴은 부어있고 눈은 충혈되어 있었다. 아직도 잠에서 덜 깬 눈꺼풀이 반은 감겨 있고 걸음걸이는 살짝 기우뚱했다. 마침 방금 전 남편으로부터 딸이 새벽 4시가 다 되어가도록 게임을 하고 있어서 깜짝 놀랐다는 말을 전해 들은 참이었다.

'이제부터 게임은 금지야. 앞으로 게임은 절대 하지 마.'

그동안 나를 반추하며 말하는 습관 바꾸기 연습을 하지 않았다면, 아마도 전후 상황을 아이에게 물어볼 겨를도 없이 다짜고짜로 화난 감정을 그대로 실어서 명령어와 금지어부터 내뱉었을지도 모른다. 게임에 푹 빠져 있는 아이들이 있는 가정에서 그 부모들은 어떤 말로 어떻게 반응할까?

잠을 푹 자야 하는 새벽 시간까지 반납하며 딸이 게임을 한 사실에 남편은 몹시 못마땅하고 있었다. 남편과 나는 인간에게 있어서 제때 잠을 충분히 못 잔다는 건 때론 건강에 치명적일 수 있다는 걸 늘 인식하고 있다. 딸이 가끔 다 마치지 못한 디자인 프로젝트를 새벽 늦게까지 완성하느라 한두 시간밖에 잠을 못 잔 때도 있었다. 그때는 제출 기한이 촉박한 프로젝트 외에는 프로젝트 분량을 요일별로 안

배하는 방법을 알려주었다. 그리고 딸에게 가능한 한 자정을 넘기지 않게 자는 습관을 들이도록 계속 권유했다.

잠을 못 잔 원인이 해야 할 프로젝트 때문이었을 때는 안타까움은 컸지만, 속이 많이 상하지는 않았다. 하지만 이번처럼 게임을 하느라고 잠을 못 잔 건 경우가 달랐다. 딸이 몸을 건강하게 유지할 수 있도록 지켜야 할 것들을 제대로 알려줄 필요가 있었다. 그동안 불편한 상황이나 훈육할 상황이 생길 때마다 나는 그 상황을 '아이가 분별력을 배울 수 있도록 도와줄 기회, 부모로서 공감할 건 공감하고, 가르쳐줄 건 더 잘 가르쳐 주고 안내할 기회'로 계속 생각하려고 부단히 노력해왔다. 그동안 내가 짜증 날 수 있는 상황이 생길 때마다 잠시 숨을 고르고 '아이도 나도 성장할 기회'라고 생각하고 건강한 대화를 하려고 노력하지 않았다면 발전적인 건 기대조차 하기 어려웠을 것이다.

마음에 불어오는 변화의 바람

《단어의 사생활》 저자이자, 심리학의 거장 제임스 페니베이커(James Pennebaker) 교수는 여러 연구를 통해 '언어의 사용패턴'을 교정하는 것이 심리적인 개선 효과를 볼 수 있음을 밝혀냈다. 즉, 내뱉은 말이나 글이 긍정적일수록 내면의 마음도 긍정적으로 반응한다는 것이다.

그의 말에 따르면, 우리가 부모로서 일상에서 무심코 자주 사용하는 부정어를 포함한 말들을 바꾸게 될 때, 부모 자신뿐만 아니라 자녀의 생각이나 마음에 변화를 줄 수도 있게 된다. 세계적으로 바이러스 대유행을 겪고 있는 요즘 현실에서는 너도나도 불안과 피곤함과 혼란스러움이 뒤섞여 있다. 그래서 몸도 마음도 그 안테나가 더 민감하게 곤두세워져 있다. 이런 때는 더더욱 말을 통해 마음에 위로와 격려를 해주고, 그 마음이 다시 말로 전해지는 선순환이 더욱 절실하다.

나는 딸이 빠져 있는 게임과 관련해서 에너지는 다소 들긴 하겠지만, 부모로서 노력하는 길을 택하기로 마음을 다잡았다. '제대로, 잘' 훈육해야 할 상황에서는 늘 그렇게 노력했듯이 '속 끓는 감정'은 내 옆에 따로 놓는 것부터 해야 했다. 물을 한 잔 마셔도 좋았겠지만 나는 직전에 다녀온 화장실을 한 번 더 갔다가 오는 것으로 잠시 딸 앞에서 공간이동을 했다. 다녀오고 나서도 여전히 끓는 감정은 오르락내리락하고 있었다. 하지만 당장 그 감정을 없애려고 애쓴다고 해서 바로 사라지는 게 아니다. 나 아닌 누군가를 옆에서 바라보듯이 내 감정을 지켜볼 수 있도록 마음에서 자리를 살짝 옮겨두었다. 끓어오르는 내 감정에 '이봐. 내가 일시적으로 끓는 이 감정에 속지 않고 어떻게 기회로 바꾸는지 거기서 잘 지켜봐'라고 한마디 일침도 가하면서 말이다.

"새벽 늦게까지 게임을 한 걸 보니 그 게임이 아주 재미있었나 보네. 게임 이름이 뭐야? 그 게임은 어떻게 하는 거야?"

　다소 차분해진 나는 먼저 딸에게 어제 게임을 했던 상황에 대해서 말을 할 수 있도록 질문했다. 평온한 감정의 상태로 묻는 말에 딸은 그 게임에 호기심을 느껴서 물어보는 줄 알고 자세하게 설명했다. 딸의 설명을 듣고 보니 지금까지 게임이라고 들어봤던 종류와는 확연히 다르게 업그레이드된 게임이었다. 내가 생각하는 일반적인 게임은 게이머가 게임의 툴을 이용해서 수동적으로 프로그램화된 게임의 레벨을 따라가며 점수를 획득하는 형태였다.

　그런데 딸이 즐겼던 게임은 접근 자체가 달랐다. 먼저 기본적인 툴의 플랫폼은 인터넷이나 애플리케이션을 통해 이용하지만, 게임의 구성내용과 진행 과정은 게이머가 창조하는 것이었다. 메인 게이머가 그 게임의 시나리오를 계속 만들어가며 게임을 진행하면 다른 참가자 게이머는 그 시나리오에 따라 상황을 대처하고 해결해나가는 형태였다. 상당히 적극적으로 참여하게 만드는 진일보한 게임이었다. 심지어 그 게임을 위한 룰북이 4만 원에 가까울 정도로 비싼데도 딸은 과감하게 사서 그 룰을 참조하며 즐기고 있었다. 딸의 설명을 듣고 나니 그 게임에 대해 대략적으로 이해가 되었다.

　"그러니까 네 말은 메인 게이머는 실시간으로 시나리오를 만들어내고 다른 참가자 게이머들은 그 시나리오에 따라 상황에 맞는 선택을 또 주도적으로 한다는 말이지. 메인 게이머는 그 선택을 살펴보며 시나리오를 추가로 계속 확장하고 변형시켜 가면서 기획과 감독역할을 한다는 거고. 엄마 생각에 이건 상당히 발전된 게임이다."

"그렇죠, 어머니! 진짜 재미있어요."

"게다가 메인 게이머는 게임 전체를 조망하면서 리더 역할을 자연스럽게 수행하다 보니 지도력도 많이 생길 것 같아. 그리고 이미 짜인 틀 속에서 수동적으로 하는 게임이 아니라 시나리오를 처음부터 끝까지 늘 새롭게 만들어가다 보니 독창적인 아이디어도 아주 많이 나올 것 같고."

엄마의 분석에 딸은 즐겁게 맞장구쳤다. 나도 연이어 생각을 덧붙였다. 그 게임에 대해 동의할 수 있는 부분에 대해서는 구체적으로 충분히 표현했다. 그리고 나서야 향후 야기될 수 있는 부작용을 언급했다. 하면 할수록 재미있다 보니 이 게임에 한 번 빠지면 가상 세계가 현실 세계보다 더 재미있고 실감 나서 현실 세계와의 격차가 클 수밖에 없을 거라고 말이다. 자신이 살아가는 현실 세계는 점점 더 재미가 없어지고 그 때문에 실제 생활에서의 기대감은 약해지고 허망함이 생길 가능성도 제법 크겠다고 말했다.

하지만 이러한 게임을 통해 요즘 사회의 게임 변화상을 직접 알 수 있다는 것은 여러모로 도움이 될 수 있었다. 이런 종류의 게임에 대한 이해를 바탕으로 동종 게임의 좋은 점과 경계해야 할 점을 잘 인식할 수 있기 때문이었다. 그렇게 한다면 대부분의 아이들이 게임을 경험하고 즐기는 요즘, 게임중독이 된 '게임 세대'를 도와줄 수도 있을 것이다. 내 생각을 전해 들은 딸은 미처 거기까지는 생각 못 했다며 좋은 생각인 것 같다고 말했다. 나는 그제야 딸에게 부모로서 걱정하는 부분도 진지하게 덧붙였다.

"때때로 하고 싶은 게임을 하는 건 엄마도 좋다고 생각해. 하지만 푹 자야 할 새벽 늦게까지 자지 않고 게임을 하는 건 너의 건강에 치명적일 수 있어서 걱정돼. 사람이 잠을 못 자면 면역력이 다 떨어지거든. 그러면 피로감도 더 쌓이고 병에 걸리기가 쉽게 되지. 엄마는 딸이 아픈 건 싫어."

"네. 앞으로는 늦게까지 하지 않도록 주의할게요."

"이 게임의 특성상 다른 참가자 게이머들을 위해 네가 계속 시나리오를 짜 주려면 실시간으로 채팅도 해야 하고, 그러다 보면 게임을 하는 시간이 길어질 수밖에 없잖아. 오랜 시간 동안 게임을 하느라 중요한 것을 제쳐두는 건 안 될 것 같은데…. 게임 하고 싶을 때 딸은 어떻게 했으면 좋겠어?"

"평일 밤에 게임을 시작하면 새벽까지 계속하게 될 것 같아요. 주말엔 유학 준비 공부도 해야 하니까 친구랑 얘기해서 꼭 하고 싶을 땐 날짜를 정해서 그날만 해볼게요."

"그래. 그렇게 하면 좋겠다."

게임 시간을 조절하기를 바라는 마음으로 건넨 나의 말에 딸은 잠시 생각에 잠겼다. 얼마 후, 엄마의 걱정하는 마음이 제대로 느껴진 듯 대답했다. 자신의 일정을 살펴보며 대안을 찾아 말하는 딸에게 나는 맞장구를 치는 것으로 그날의 대화를 마무리했다. 그 뒤로 딸은 한 달에 한두 번 하는 듯하더니 요즈음엔 게임 룰북이 책꽂이 맨 꼭대기 칸의 한쪽 구석으로 들어가 먼지를 뒤집어쓰고 있다.

아이가 부모의 훈육을 '받아들일 최상의 상태'

부모가 아이에게 화가 나 있는 상황에서 평정의 상태를 유지하며 아이의 말을 듣고자 시도하는 것은 결코 쉽지 않다. 나도 부모로서 화가 났을 때 잠시 멈춰 서서 한 박자를 늦춘다는 게 말처럼 쉽지 않다는 걸 수도 없이 경험했다. 그런데도 일단 입 밖으로 삐져나오려는 "하지 마"라는 말에는 자물쇠를 채워야 한다. 한번 화가 난 감정은 단번에 모두 가라앉지 않기 때문에 의식적으로 화난 감정을 '옆으로 살짝 밀쳐 두는 연습'의 과정이 이땐 큰 도움이 된다. 무엇을 하든지 화가 났던 직접적인 상황으로부터 잠시 공간이동을 해서 다른 장소에 자신을 놓아보는 것이다.

그 시간이 누군가에게는 짧을 수도 있고 누군가에게는 긴 시간이 필요할 수도 있다. 그러니 자신에게 필요한 만큼의 시간을 충분히 주는 것이 좋다. 이를 통해 끓어오르는 감정 냄비의 불 온도가 낮춰진다. 이는 부모가 자식을 돕기 위해 이성적으로 노력할 여지를 남겨놓기 위함이며, 욱하면서 관계를 악화시키는 말을 내뱉는 걸 멈추기 위함이다.

대화를 재개하게 될 때는 먼저 아이에게 그때의 상황을 설명해보도록 시간을 줘야 한다. 그리고 아이의 해명을 들을 때 설사 그것이 변명으로 느껴질지라도 나의 판단은 일단 내려놓아야 한다. 또한 아이에게 상황을 제대로 알고 싶다는 태도로 귀를 기울여야 한다. 짜증 섞인 상태에서 심문하듯이 하는 게 아닌, 정말 궁금해서 알고 싶다는 마음으로 듣다 보면 상황을 더 잘 이해하기 위해 물어볼 것들도 생기게 된다.

이때 아이는 인터뷰에 응하듯 설명하고 부모는 기자가 되어 듣고 질문하는 것이다. 그 과정에서 아이의 심정이나 그때의 상황도 제대로 이해하게 된다. 그다음에 아이를 통해 들은 말을 부모가 그대로 다시 말해주자. 부모가 이해한 말로 다시 표현해 줄 때 아이는 자신의 상황과 심정이 이해받는 안정감의 상태에 들어가게 된다. 그 내용이 구체적일수록 또는 좀 더 많을수록 아이가 느끼는 안정감은 그만큼 더 커진다.

이 상태가 바로 아이에게는 드디어 부모의 말에 '귀를 기울일 준비'가 되었음을 의미한다. 바로 부모의 훈육을 '받아들일 최상의 상태'인 것이다. 부모에게는 제대로 훈육할 수 있는 최고의 기회가 온 것이기도 하다. 이때부터 비로소 부모가 화가 났던 근본적인 이유를 아이가 마음으로부터 이해할 수 있는 표현에 잘 담아 전하면 된다. 이것이 바로 부모가 자녀에게 '권위'를 제대로 발휘해가는 일련의 과정이다.

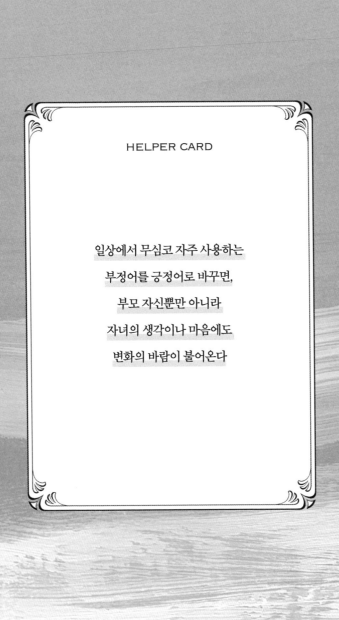

HELPER CARD

일상에서 무심코 자주 사용하는

부정어를 긍정어로 바꾸면,

부모 자신뿐만 아니라

자녀의 생각이나 마음에도

변화의 바람이 불어온다

말하기 전에 생각했나요?

길을 가다가 지나가는 아가들만 보아도 그 귀여움에 탄성을 지르며 목소리를 한 옥타브 올려서 "아, 너무 귀여워!"를 연발하는 사람들이 있다. 또 아이가 슬퍼하는 걸 보면 곧바로 눈물샘이 터지며 함께 우는 사람들도 있다. 내 눈에는 한동안 사람이나 동물을 향한 애정이나 공감을 즉각적이고 풍부하게 감정으로 표현하는 그런 모습들이 '사랑이 많은 사람들'로 보였다. 동시에 그것은 '아, 난 감정이 메마른 사람인가 봐. 사랑이 없나 봐'라는 자책으로 귀결되곤 했다.

첫 아이를 낳아 기르면서도 나는 그런 자책 속에서 허우적거릴 때가 많았다. 그럴 때마다 애써 사랑 연습을 하려고 부단히 '노력'했다. 아가를 향해 "사랑해"라고 말할 때도, 예쁘고 귀엽고 사랑스럽다는 걸 아가가 알게 하려고 눈을 크게 뜨고 목소리는 한층 더 과장해서 두 손을 활짝 크게 벌리기도 했다. 그 모습을 본 아가는 한참이나 까르르 웃었다.

그러다가 깊은 밤이 찾아와 아가가 새근새근 잠든 모습을 물끄러미 바라볼 때면 '내가 정말 아가를 사랑하는 게 맞을까?'라며 수없이 자문하곤 했다. 그런 씨름 끝에는 공허감이 밀려들었다. '내가 아닌 다른 엄마에게 태어났더라면 사랑을 더 많이 받을 수 있었을 텐데…. 미안해'라며 홀로 훌쩍거린 날도 많았다. 하지만 다음 날이면 난 또 그 고민은 덮어둔 채 어쩌면 '연기'를 하고 있을지도 모를 '사랑하는 연습'을 다시 시작했다. 이런 씨름이 반복될수록 마음속으로 지치기도 하고 자신에 대한 실망감이 깊어지기도 했다. 그리고 다음 날이 밝아오면 햇볕 쨍쨍한 날 젖은 옷을 말리듯 그 실망감을 말리려고 또 애를 썼다.

　둘째를 낳고 나서는 나를 향한 뾰족했던 관찰이 조금은 무디어졌다. 그래서인지 그렇게 씨름하는 날은 다행히도 뜸했다. 하지만 다른 아이들을 가르치는 교육자로 설 때는 그 씨름의 옅은 그림자가 여전히 따라다녔다. '아이를 사랑하지 않으면서 진정한 교육자라고 할 수 있을까?'라는 마음의 소리가 내 마음을 두드리곤 했다. 그럴 때면 내게 부족하다고 느끼는 '사랑 연습'을 하고 또 해야 했다.

　사랑을 표현해야 하는 바로 지금 이 순간

　"사랑이란 상대의 유익을 위해 이것은 하고, 저것은 하지 않는 것."

영국 추리소설의 황금기를 완성한 여성 작가의 한 명 이자 시, 희곡, 문학비평, 번역, 에세이까지 폭넓은 저술 활동을 했던 도로시 L. 세이어스가 자신의 저서에서 사랑에 관해 정의한 표현이다.

나는 내 감정이 너무 메마른 듯 느껴질 때마다 애정을 두 배 과장해서 표현하는 연습을 했다. 그럴 때면 마음의 빈 공간은 더 커졌다. 그 빈 곳이 커지고 커져서 마음의 공허를 더 이상 메울 여력이 없다고 느꼈을 때 내 마음속 어디선가 나를 향해 날을 세우며 공격하는 소리가 크게 울려 퍼졌다.

'넌 원래 사랑이 없는 사람인데, 사랑이 많은 사람처럼 보이려고 하잖아. 이중적인 것 같아.'

그랬던 내게 도로시 세이어즈의 사랑에 관한 정의는 '유레카'였다. 사막에서 만난 오아시스였다. "사랑이란 상대의 유익을 위해 이것은 하고, 저것은 하지 않는 것"이라는 말을 곱씹고 또 곱씹어 보았다. 아르키메데스가 유레카를 외치며 목욕탕을 뛰쳐나갔던 심정이 이 느낌이었을까? 내 속에는 벅찬 감격으로 가슴이 두방망이질 쳤다. 낮게 드리운 먹구름과 세찬 비가 서로 오랜 경주를 하며 하늘을 뒤덮다가 다른 곳으로 여행을 떠나 드디어 마음속 장마가 끝난 것 같았다. 뽀송뽀송한 햇볕이 내리쬐는 화창한 하늘을 향해 마음의 창문을 활짝 열어 햇살을 만끽했다. 내 인생에 새로운 햇볕이 드는 날이었다.

난 그날 이후로 '사랑 연습을 해야 하는 노고'와는 작별을 고했다.

아이에게 사랑을 표현할 때는 오직 이 한 가지만을 기억하면 되었다. 아이에게 무언가를 말하려 하거나 행동하려고 할 때도 항상 이 생각을 '먼저' 하면 되었다. 이것이 아이를 '가장 잘 사랑'하고 '제대로 사랑'하기 위한 첫걸음이었다. 나의 유레카 이후, 칭찬할 때도, 꾸지 람을 해야 할 때도, 점검을 해야 할 때도, 무언가를 시켜야 할 때도, 애정 표현을 할 때도, 아이와 대화할 때도 언제나 이 사랑에 대한 정 의를 먼저 머릿속에 떠올리는 게 습관이 되었다.

'사랑을 표현해야 하는 바로 지금, 이 순간 '이 아이의 유익을 위해' 이것은 하고, 저것은 하지 말아야지.'

말이라고 다 말은 아니다. 말은 누구나 또 언제나 할 수 있지만 해 야 할 말이 있고 하지 말아야 할 말이 있다.

"네가 먼저 그랬잖아."
"내가 언제? 네가 먼저 그랬잖아."
"난 그런 말 한 적 없어."

초등학교 6학년 남자아이들 셋이서 작은 말다툼이 벌어졌다. 처음 엔 농담으로 시작한 말이었는데 이젠 정도가 지나쳐서 셋 다 귀와 얼굴이 벌겋게 상기 되어 있었다. 한 명은 벌써 화가 폭발할 것 같이 숨을 거칠게 몰아쉬며 씩씩거리고 있었다. 셋 다 화가 나서 누가 먼저 기분 나쁜 말을 시작했는지는 분간하지 못했다. 그저 각자 기분 나빴던 말로 인해 감정이 끓어올라 화를 분출하기에만 바빴다.

'지금 이 아이들의 유익을 위해, 내가 해야 할 것은 무엇이고 하지 말아야 할 것은 무엇일까?'

그 싸움의 해결사로 끼어들기 전에 먼저 자신에게 빠르게 질문했다. 교육자로서 또 인생의 선배로서 이 아이들 '모두에게 유익한' 중재자의 역할을 하는 것이 이 아이들을 사랑하는 길임을 알기 때문이었다.

언제나 그러해야 하듯이 상황 파악도 안 된 상황에서 아이들을 비난하거나 섣부른 판단을 내려서는 안 되었다. 그렇게 된 상황에 대해 제대로 알고 아이들 각자에게 도움이 되는 길을 찾아야 했다.

고민 끝에 먼저 이 아이들을 상담실로 불렀다. 그리고는 빈 종이를 한 장씩 나눠주었다. 그날 있었던 일들과 각자가 친구들에게 했던 말과 들었던 말들을 생각나는 대로 빠짐없이 적도록 했다. 또한 그날 화가 난 상황과 연결되는 그 이전의 일들이 있다면 그것도 다 써보도록 했다. 이때 서로가 얘기를 나눈다던가 서로를 쳐다보는 일 없이, 각자가 있는 사실 그대로 쓰는 데에만 집중하도록 했다.

아이들이 다 쓸 때까지 기다린 후 세 명 모두가 함께 있는 자리에서 한 명씩 돌아가면서 그들이 직접 쓴 내용을 체크 하며 질문을 하고 답변을 확인했다. 어느 부분에서는 아이들의 기억이 서로 섞이거나 빠져 있기도 했다. 한 명씩 돌아가며 일일이 내용 확인을 거친 나는, 아이들에게 다른 친구로서는 어떤 생각이 들었을지를 생각해 본 후 말해보도록 했다. 다른 아이들의 입장이 되어 본 아이들은 상대가 화가 날 수밖에 없었던 부분을 조금은 이해하기 시작했다. 그리고 각자가 옳다고 생각하는 부분과 해서는 안 된다고 생각하는 부분을 말해보게 했다. 아이들이 싸우고 있었을 때는 각자가 자기만 잘했고 나머지 친구들은 다 잘못했다고 생각하는 듯했지만, 이 과정을 통해서 자신이 잘한 점도 분명히 있었고 잘못된 부분도 있었음을 다 같이 인정했다.

이후에는 아이들에게 생각할 시간을 잠시 주었다. 그리고 이번에는 상대편 친구가 평소에 잘하는 부분이 무엇인지를 말해보게 했다. 이는 싸움과 직접적인 연관은 없지만, 서로가 서로에게 따뜻한 마음을 품도록 하기 위함이었다. 아이들은 다소 어색해하면서도 다른 친구들의 장점에 대해서 한두 가지를 직접 친구들에게 말해주었다. 조금 전까지도 싸웠던 친구에게서 칭찬을 듣는 게 멋쩍었는지 고개를 살짝 숙이거나 머리를 긁적이며 몸을 살짝 움직였다. 그 후에 자신이 잘못했다고 생각하는 부분에 대해서 사과하고 싶은 친구에게는 사과할 기회를 주었다. 진심으로 하는 사과가 얼마나 용기 있는 일인지를 언급하면서. 아이들은 서로서로 자신이 잘못했던 부분에 대해서 구체적으로 언급하며 악수와 함께 사과했다. 이내 아이들의 표정은 맑은 하늘이 되었다.

"안 좋은 일은 누구에게나 생길 수 있어. 하지만 그 일을 해결하는 데에만 초점을 맞추면 안 된단다. 시간이 흐르면 어떤 모양으로든 해결은 되게 되어 있어. 하지만, 그 과정에서 반드시 '배움'이 있어야 해. 공부를 통해서만 배우는 게 아니란다. 오늘 같은 상황에서도 우리가 뭘 배웠는지를 꼭 살펴볼 필요가 있어. 언젠가 누군가가 나와 비슷한 어려움에 처해 있을 때 오늘 배운 것으로 도움을 줄 수도 있어. 무엇보다 나 자신을 늘 돌아보면서 배우게 되니까 지혜롭게 '성장'하게 되지. 선생님은 너희들이 언제나 그렇게 배우는 사람이 되어서 자신과 남을 도와주는 사람들이 되기를 바라. 그러면 몸의 성장은 언젠가는 멈추지만, 지혜의 성장은 멈추지 않고 언제나 계속될 거야. 그건 너희가 더 너희다워지는 길이야."

나의 말에 아이들의 표정은 사뭇 진지한 철학자가 되어 있었다. 잠시 후 한 명씩 자신이 느끼고 배운 점들을 얘기했다. 아이들의 말속에는 깊은 진지함이 배어 나왔고 얼굴에는 따뜻한 웃음이 번졌다. 아이들이 상담실을 나가기 전에 나는 한 명씩 두 팔을 벌려 가슴에 꼭 안아주었다. "존재해줘서 고마워"라는 말과 함께.

HELPER CARD

사랑을 표현해야 하는 바로 지금 이 순간,

'이 아이의 유익을 위해'

해야 하는 것은 무엇인가?

또 하지 말아야 하는 것은 무엇인가?

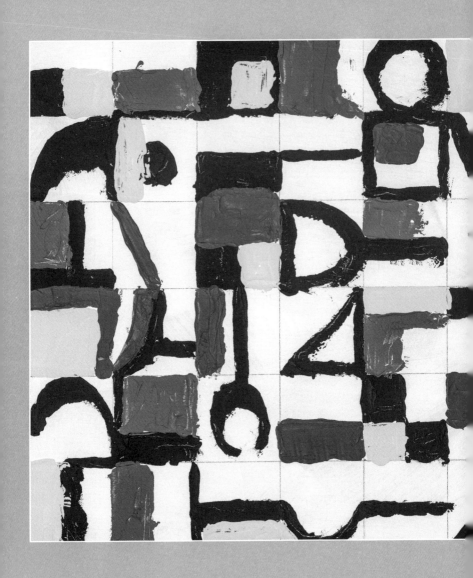

마 음　　　　언 ○

f o r .　　　노 ㅌ

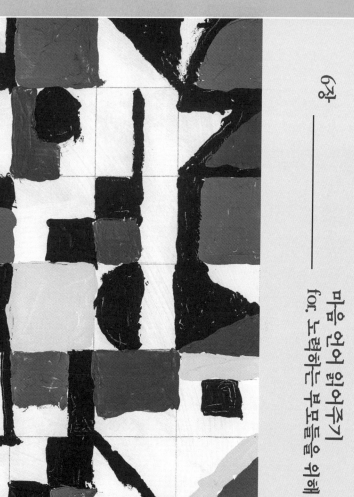

6장
—
—

마음 얻어 읽어주기
for, 노력하는 부모들을 위해

이미 뱉은 말도
고칠 수 있다

사기그릇이 밥그릇과 국그릇으로 널리 사용되던 때가 있었다. 사용하던 사기그릇이 깨지면 사람들은 지체없이 내다 버렸다. 설거지하다가 깨진 부분에 손가락을 베일 수도 있고, 깨진 것 사이에서 나온 눈에 보이지 않는 미세한 사기 조각이 밥과 국에 들어갈 수도 있기 때문이었다. 하지만 이미 깨져버린 도자기 조각들도 일명 금 꿰매기 기술이라고 불리는 킨츠쿠로이를 통해 다시 이어 붙여져 재탄생할 수 있게 되었다. 처음 도자기보다 더 아름답고 강한 도자기로 말이다.

그 유래는 15세기 말 일본의 쇼군 시대로 거슬러 올라간다. 무로마치 막부 제8대 쇼군이었던 아시카가 요시마사의 이야기다. 어느 날 그가 아끼던 찻잔이 깨졌다. 아시카가는 찻잔을 수리하기 위해 중국으로 보냈다. 중국에서 다시 돌아온 찻잔을 들여다본 그는 접붙여진

금속 접합 부분 때문에 찻잔이 가진 아름다움이 반감된 것을 알아차렸다.

쇼군은 장인에게 찻잔의 아름다움이 회복되도록 다시 고칠 것을 명했다. 장인은 금속 접합 부분을 금빛 염료로 다시 입혔다. 이로 인해 찻잔은 깨지기 전보다 더욱 아름답고 접합으로 인한 결합도 더 강렬한 찻잔으로 재탄생했다. 쇼군은 새롭게 재탄생한 찻잔을 아주 흡족하게 여겼다고 한다. 이렇게 시작된 킨츠쿠로이 기법이 깨어진 도자기를 예술작품이 되도록 만들었다.

깨진 그릇은 이어 붙인 것이 맨눈으로 확인되고 또 접착제에 아름다운 염료를 입혀서 예술작품으로도 승화가 가능한데 말은 어떨까? 한번 뱉은 말은 깨어진 그릇이 재탄생하듯이 아름답게 재탄생할 수 있을까? 아니 다시 주워 담을 수 있기나 한 걸까?

'내가 왜 그런 말을 했을까? 하지 말았어야 했는데. 내가 그 말을 들었다고 해도 얼마나 속상했을까? 난 왜 이 모양이지? 내가 엄마 맞아? 엄마 자격이나 있는 거야?'

딸에게 아무 생각 없이 말을 툭 내뱉었던 내가 생각할수록 속상하고 화가 나서 나 자신에게 생채기를 계속 냈던 날이었다. 그날은 온종일 내가 한 말에 꼼짝없이 갇혀 있었다. 딸이 다섯 살 되던 해 겨울에 동물원에서 놀면서 언덕을 뛰어 내려오다가 입과 그 언저리를 크게 다쳤다. 딸이 초등학교 2학년이 되자 그때 다쳤던 영향으로 치아 구조가 잘 맞지 않아 실수로 볼 안쪽을 씹게 되는 일이 잦아져서 구내염으로 종종 고생했다. 그때부터 딸은 약 1년간 치아 교정을 받았다. 치료가 끝날 즈음, 성인이 되면 치아를 다시 교정해야 하는 상황이 올 수도 있다는 주의사항도 함께 들었다.

어느 날 딸이 거울을 보다가 폭발적인 성장기인 사춘기를 거치는 동안 다시 틀어진 치아를 보며 재교정을 하고 싶다고 말했다.

"예전에 교정할 때도 돈이 많이 들었는데 이번에도 많이 들겠다. 학원비도 많이 들었고 학비도 많이 드는데…. 아무래도 치아 교정은 나중에 네가 직접 벌어서 해야 할 것 같아."

순간 나도 모르게 이렇게 툭 내뱉고 말았다. 그 말을 해놓고 스스로도 많이 놀랐다. 이렇게 툭 나왔다는 건 평소에 말은 안 했지만, 마음속 어딘가에 그 마음이 계속 자리하고 있었다는 방증이었다. 내 대답에 흠칫 놀란 딸의 얼굴은 그늘이 드리워졌다. 그 순간 방금 뱉은 모든 말을 거둬들이고 싶었지만 이미 말은 내 입 밖으로 나가버렸다. 그 마음 상태로는 대화를 더 이어갈 수도 없었다.

깨진 도자기를 이어붙이는 예술을 하는 사람들 사이에서는 그 기법을 킨츠쿠로이 철학으로도 명명한다. 우리의 삶에도 완벽하게 적용될 수 있다고 믿기 때문이다. 깨짐에서 원상태보다 더 나은 회복력을 보이는 이 기술은, 회복 탄력성이 핵심이요 강점이다.

이 분야의 한 예술가에 의하면, 탄력성을 정신적 힘줄에 비유한다. 우리 인생에서 삶의 깨진 조각을 이어 붙여주는 황금빛 접합 재료의 역할을 한다고 말이다. 또한 우리의 상처도 봉합해줌으로써 삶의 교훈을 얻게끔 한다고 한다. 자신이 살아온 삶에서의 실수나 실패 또는 꿈이 흐려진 것을 부끄러워하는 것도 멈추도록 권유한다. 그 대신 우리의 삶을 뒤돌아보며 걸어온 길의 아름다움을 발견하고, 그 길 속에서 우리가 성장했음을 볼 수 있어야 한다고 덧붙인다.

나는 잘못 뱉은 말의 뿌리가 어디에 있는지를 찾아서 뽑아내야 했다. 그렇지 않고 잠시 후회하고 사과만 한 후 넘어간다면, 그 뿌리는 또다시 어디로 더 뻗쳐나갈지 알 수 없기 때문이었다. 내 마음속을 정직하게 들여다보니, 은연중에 아들과 딸의 상황을 비교하고 있음을 알게 되었다. 아들은 국립대학에 입학해서 등록금이 저렴한데다 장학금까지 받고 있었다. 그러나 딸은 대학 입학 전 학원비와 사립대학 등록금까지 이어져서 상대적으로 지출 규모가 컸다. 거기에 더해 비용이 많이 드는 치아 교정을 또 해야 하는 상황이었다.

난 아들과 딸이 서로 다른 존재라는 걸 늘 인식하고 있고 각자의 있는 모습 그대로를 인정해주고 지지하려고 노력해왔다. 또 덕분에 많이 나아졌다고 생각했다. 그런데 이런 상황이 펼쳐지고 보니 내면에는 아직도 쓴 뿌리가 있다는 사실을 알게 되었다. 내 생각 저 밑바닥엔 아이들이 자신의 분야에서 최선을 다하면서도 이왕이면 장학금도 받기를 바라는 마음도 자리하고 있었다. 내 생각의 저편을 들여다보게 된 나는 딸에게 생각 없이 툭 뱉은 말이 부끄러웠다. 무엇보다 깊이 있게 박혀 있던 나의 잘못된 생각이 더 부끄러웠다.

'딸이 얼마나 미안해했을까? 자기 잘못도 아닌데 자기 잘못인 것처럼 생각하면 어쩌지? 잠든 딸을 깨워서 지금이라도 이야기해볼까?'

이미 뱉어 버린 그 말들은 온종일 머릿속을 떠돌며 감정을 들쑤셔 놓았다. 퇴근길에 어둑해진 하늘을 하염없이 바라보다가 터벅터벅 걸어갔다. 불 꺼진 집엔 고요함이 채우고 있었다. 캄캄한 밤이 불편했던 얘기를 다시 꺼내는 데에는 그 무게를 조금 덜어줄 것 같아서 딸아이를 깨울까 말까 망설이기도 했다. 어쩌면 나의 그 마음 상태도 아직 조바심이 남아 있다는 의미일 수도 있었기에 그날 밤은 조용히 무릎 꿇고 두 손 모아 내 안이 아닌 바깥 저 너머로부터 오는 지혜를 구하며 잠이 들었다.

주말인 다음 날 아침 식사 준비는 여유가 있었다. 여느 때와 같은 주말 아침이면 함께 식사 준비를 하며 이런저런 이야기들을 주고받고 했을 텐데, 그날 아침엔 내 입이 떨어지지 않았다. 딸도 묵묵히 부엌과 식탁을 오가며 돕고 있었다. 식사 후 늦둥이들이 오전 잠에 들어간 시각, 부산함이 잠시 잦아든 그 시간이 대화를 꺼내기에는 절호의 기회였다. 난 딸이 눈치채지 못하게 심호흡을 한 후 최대한 자연스럽게 말을 꺼내려고 애쓰며 말을 건넸다.

"있잖아. 어제 네가 치아 교정을 다시 하고 싶다고 했을 때 엄마가 네게 했던 말을 수정하고 싶어. 네가 잘못한 것도 아니고 또 넌 너의 타고난 재능이 미술과 디자인 쪽이어서 네 길을 더 계발하고 있잖아. 그렇게 하는 것이 당연한 건데 엄마가 잘못 말했어. 엄마도 툭 뱉어 놓고는 엄마가 한 말에 깜짝 놀랐어. 미안해. 엄마도 이렇게 많이 부족하고 실수가 많은 사람이야."

"괜찮아요. 틀린 말씀도 아닌데요."

"아냐. 틀린 말이었어. 미술학원 다닌 것도 디자인을 공부하는 것도 다 네 재능이 그 분야로 발달해 있어서 그래. 너의 재능을 잘 계발하고 가꾸도록 부모가 돕는 건 당연한 거야. 그리고 엄마가 지금 이렇게 건강한 것도, 일을 할 수 있는 것도, 부모 역할을 할 수 있는 것도 다 내 것이 아니라 받은 건데, 엄마는 마치 모든 것이 내 것인 양 착각했던 것 같아. 늘 그걸 인식하고 있다고 생각했는데 어제는 그걸 잊었나 봐. 교정은 네가 꼭 필요한 상황이 맞아. 교정하러 갈 수 있는 시기를 맞춰보자."

"감사해요, 어머니."

"나도 고마워."

"뭐가요?"

"엄마의 실수를 이해해줘서. 그리고 엄마 딸로 태어나줘서. 엄만 그 사실에 항상 고마워하고 있어."

뱉은 말을 다시 주워 담을 수는 없다. 하지만 바꾸거나 고칠 수는 있다. 킨츠쿠로이를 통해 다시 이어 붙여져 재탄생하는 도자기처럼 실수로 했던 말을 처음보다 서로를 더 이해하고 품어주는 강한 사랑의 언어로 재탄생시킬 수 있다. 진심이 뒷받침된다면!

역할극에 담아보는 나의 진심

"아들아, 어제 우리가 얘기 나눴던 상황으로 다시 돌아가 볼까?"

"네?"

"어제 아들이랑 얘기 나눌 때 엄마가 잘 못 표현한 말이 있어서 그래."

"그게 뭔데요?"

아들은 엄마 말이 무슨 말인지 몰라 어리둥절해 하는 눈빛으로 나를 쳐다봤다. 전날 아들은 이런저런 이야기를 나누던 중 최근에 자신이 했던 실수에 대해 잠깐 언급을 했다.

"그때 제가 그렇게 하지 말았어야 했다는 생각이 들어요. 조금만 더 생각해보면 다른 방법이 생각날 수도 있었을 텐데 그땐 제가 왜 그 생각밖에 못 했을까요?"

"그러게. 그렇게 하지 말았어야 했어."

자신이 했던 행동의 실수에 관해 이야기할 때 나 또한 그 당위성으로 한 번 더 아들의 잘못을 각인시키는 실수를 했다. 자신이 한 실수를 잘 알고 있고 스스로 돌아보고 있는 아이에게 나까지 다시 확정 지어 말해서는 안 되었다. 스스로 반추해보는 것만으로 훈계는 저절로 되었을 것이기에 거기에 더할 무언가는 전혀 필요치 않았다.

"아들이 그렇게 말했을 때, 엄마는 '네가 그렇게 행동한 이유가 있었을 것 같은데?'라고 말하며 아들의 생각을 들어봤으면 좋았을 것 같아. 자, 어제 상황으로 다시 돌아가서 역할극을 같이 해보는 게 어때?"

나는 다소 유머 섞인 말투와 분위기로 마치 연극배우가 자신의 배역을 연습하듯이 즉흥 대사를 만들었다. 그리고 아들에게 어제 했던 말을 그대로 다시 해보라고 말했다.

"그런 생각이 드는구나. 아들 말대로 조금 지나면 더 좋은 방법이 생각날 수 있었을 것 같긴 해. 하지만 아들이 그때 그렇게 행동한 건

나름의 이유가 있었을 것 같은데? 그게 뭐였어?"

갑자기 예기치 않은 상황극에 들어선 아들은 어색해하면서도 활짝 웃어가며 그다음 대사를 이어갔다. 자신이 그렇게 행동할 수밖에 없었던 이유를 덧붙이면서 자기 생각도 정리했다. 한편으론 석연치 않았던 자신의 처음 행동이 상황극을 통해 자신의 원래 의도를 다시 인지하게 되면서 더 좋은 방향으로 생각이 보태졌다. 덕분에 아들은 '자신의 실수에 대해 후회했던 마음이 오히려 더 좋은 방향으로의 전환점이 될 수도 있겠다'는 생각을 하게 되었다고 말하면서 얼굴이 환해졌다.

그날 아들과의 에피소드 덕분에 내가 뱉은 잘못된 말도 말의 정도에 따라 심각하지 않은 분위기에서 기분 좋게 고칠 수 있는 방법을 찾을 수 있었다. 아들과 나 모두 미처 생각지 못했던 혜안을 얻게 된 것이다.

"살면서 다른 사람과는 비교하지 않아야 한단다. 하지만 반드시 비교해야 하는 유일한 사람이 있어. 그건 바로 태어나서부터 어제까지 살아온 나 자신이란다."

내가 늘 아이들에게 해주던 말이 내게도 깊게 메아리친 순간이었다. 말은 의식적이든 무의식적이든 그 사람의 생각을 담아내고, 행동은 그 생각과 말이 발현된 실체이다. 때로는 내가 한 말도 잊어버리고 싶지 않아서 적어두고 싶은 부분들이 있다. 하지만 내가 원치 않았음에도 하게 되었던 말이나 더 나은 표현으로 할 수 있었을 아쉬웠던 말, 그리고 하지 말았어야 할 말은 잔상이 남는다. 그런 생각들이 올라오면 마음이 가라앉기도 하고 반성도 하면서 내일은 오늘보다 조금이라도 나아지기를 바란다.

• 하루 5분, '마음 언어' 꺼내기 •

하루를 돌아보며 하지 말았어야 할 말을 했다고 후회되는 때가 있는가? 이제는 괴로워하는 상태에 머물지 말자. 자신의 하루를 반추하면서 제대로 전해주고 싶었던 진심을 좋은 말에 담아 차분히 다시 전해보자. 불쑥했던 말도 관계의 끈을 더욱 튼실하게 해줄 기회의 말로 수정할 수 있다. 단, 가능한 한 너무 무겁거나 심각하지 않고 또 너무 가볍지도 않으면서 위트는 살아 있도록 해보자.

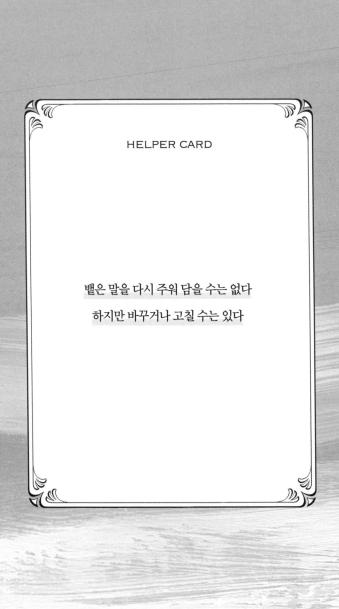

HELPER CARD

뱉은 말을 다시 주워 담을 수는 없다

하지만 바꾸거나 고칠 수는 있다

마음 언어
읽어주기의 기적

손을 자세히 바라본 날이 있었다. 손등은 아름답기도 하고 힘차고 씩씩해 보이기도 한다. 손등의 반대편에 늘 함께 붙어 다니는 손바닥은 어떤가? 손등보다 부드럽고 야들야들하며 내 몸의 지도를 품고 있는 듯 읽어보고 싶게 만드는 손금이 손바닥을 누비며 선을 긋고 있다. 미세하게 만들어진 저 모든 선이 다 어떻게 만들어진 것인지는 알 수 없지만, 손바닥은 감싸 안아주는 게 주특기다. 그래서일까? 손바닥엔 온기가 스며있다. 누군가와 손을 맞잡으면 서로의 온기가 전해지며 마음이 그 온기를 타고 흐른다. 따뜻하고 푸근하다. 손등에서는 느낄 수 없는 손바닥만의 따스함이다.

"이 아이가 하는 욕설은 아이의 진심이 아니에요. 이 세상 어떤 아이의 욕설도 결코 그 아이의 진심이 아니에요. 그 말에 속으시면 안 돼요. 자신의 진심을 어떻게 표현해야 할지 몰라서 그렇게 잘못 표현하고 있는 거예요. 손에는 손등이 있고 손바닥이 있지만 서로가 완전히 다르듯이, 이 아이가 툭 내뱉는 말이 손등이라면 이 아이의 진심은 손바닥과 같아요. 아이의 진심이 무엇인지를 알기 위해 아이 마음의 손바닥을 바라봐야 해요."

수년 전 사춘기에 접어들어서 말끝마다 욕을 입버릇처럼 달고 사는 6학년 남자아이가 있었다. 이 아이는 아이답지 않은 거친 언사로 인해 학교와 학원 선생님들과 부모님께 많은 숙제를 안겨주고 있었다. 형과 함께하는 대화는 대부분 욕설이었다. 하교 후에 주로 다니는 PC방에서의 게임도 거기에 부채질했다. 반면에 지식을 받아들이는 데에는 이해력이 좋은 편이었다. 하지만 같이 수업을 받는 반 친구들에게 잘못된 영향을 미칠 가능성이 늘 있었다. 담임선생님과 함께 이 아이를 어떻게 도와줘야 할지 날마다 서로의 의견을 나누며 피드백을 교환하던 중이었다.

이 아이를 도와주기 위해 내가 했던 말의 비유를 선뜻 이해하기 쉽지 않아 하시는 선생님께 나는 부연해서 설명했다. 아이가 툭 던지듯 말하는 좋지 않은 언행을 있는 그대로 받아들이는 게 아니라, 그 반대편에 있는 아이의 진심이 무엇인지를 알아내거나 유추해서 다시 받아들여야 한다고 말이다. 나는 이것을 아이가 마음속에서 진짜로 말하고 싶어 하는 '이면적 언어'라고 명명한다. 아이가 욕설로 자신의 생각을 표현하는 건 아주 많이 잘못되었지만, 그렇게 표현하는 아이 마음속에는 그 강도만큼이나 간절히 원하고 바라는 게 따로 숨겨져 있다.

"메신저에서도 맘에도 없는 말을 함부로 하고
정말 아닌데 미칠 것만 같아요⋯.
매일 우는데 힘들어서 매일 우는데
말은 그렇게 안 나와요⋯."

어느 블로거가 자신의 연인에게 마음에도 없는 말을 한 후 후회하며 토로하는 심정으로 글을 남겼다. 사랑하는 사이인데도 마음에 없는 말을 할 때가 있다. 자신은 연인을 너무나 깊이 사랑하고 있으면서도, 말이나 메신저에서 드러내는 표현은 툴툴거리거나, 자신의 진심과는 거리가 먼 톡 쏘는 말들을 하면서 말이다. 그렇게 말해놓고는 혼자서 괴로워하며 밤잠을 설치기도 하고, 결국 목까지 차올라 삼키고 있던 울음을 토해내기도 한다.

그냥 진심을 고스란히 전하면 될 것 같은데, 우리는 왜 마음에도 없는 반대의 말을 해서 자신도 상대도 다 아프게 만드는 걸까?

'내 마음이 이 정도로 아프고 복잡하고 힘들어요. 당신에게서 위로를 받고 싶어요. 이런 내 마음을 당신이 좀 알아줬으면 좋겠어요! 저

를 안아주세요.'

 속마음과 다르게 반대로 표현할 수밖에 없는 이유는 여러 가지로 얽혀 있을 수 있다. 하지만 거기에 숨은 속뜻은 이렇게 하나로 통한다. 자신의 마음을 알아주기를 바라는 마음이 너무 간절해서 반대의 표현으로 그 강도를 더 높이는 것이다. 우리 아이들이 아이답지 않다고 여길 만한 말이나 행동하는 것에도 이와 유사한 면이 있다. 동시에 아이들이기 때문에 추가로 더 살펴야 할 부분들도 있다.

 "선생님, 어른 앞에서 나쁜 말을 하거나 욕설을 해서는 안 된다는 것을 저도 잘 알아요. 그런데, 제 속에서 올라오는 이 분노와 화나는 마음을 어떻게 표현해야 할지를 모르겠어요. 그래서 선생님께 도움을 받고 싶어요. 제가 바른 태도로 말을 할 수 있도록 도와주세요. 그리고 제가 왜 화가 나는 것인지도 살펴봐 주세요. 이제는 뭐 때문에 화가 나고 욕을 하는지도 저는 잘 모르겠어요."

 나는 6학년 남자아이가 거칠게 쏟아낸 말을 이렇게 그 아이가 마음속에 품고 있을 이면적 언어로 재해석해서 담임선생님에게 들려주었다. 아이가 하는 거친 말속의 진심은 바로 이런 마음을 담고 있는 거라고. 아이가 내미는 도움의 손길을 바라보라고.
 불과 얼마 전까지도 선생님은 아이가 자신에게 대들고 화내고 짜증낸다고만 생각했다. 그런데 이면적으로 아이 말을 다시 생각해보니,

그 표현은 아이가 자신을 향해 구조요청 신호(SOS)를 보내고 있다는 사실임을 알게 되었다. 이면적 언어로 유추해 본 선생님은 아이에게 더는 화가 나지 않는다고 했다.

'어떻게 하면 저 아이를 제대로 도와줄 수 있을까?'
담임선생님의 관점이 순식간에 바뀌었다. 그 아이는 자기 생각을 들어줄 사람이 필요했고, 말로 표현할 때는 그것을 충분히, 제대로 전달할 수 있도록 도와줄 어른이 절실히 필요했던 것이다.

"네가 나쁜 말을 사용하거나 욕을 하는 게 나쁘다는 걸 분명히 알면서도 너도 모르게 한 걸 보니 화나는 일이 있었구나."

아이의 생각을 들어보려고 다시 운을 뗀 선생님 앞에서 아이는 갑자기 온순한 양이 되었다. 그 아이는 선생님께 자기가 왜 그날 화가 났는지를 설명했고 자기도 욕을 안 하고 싶은데 습관이 되니까 잘 안 고쳐진다는 말도 덧붙였다. 가끔 화가 난 경우라면 그 아이가 화난 이유를 시간을 내서 충분히 들어 주는 것이 필요하다. 하지만 욕하고 화내고 짜증 내는 것이 이미 습관이 된 아이에게 있어서 그 이유는 끝이 없이 날마다 이어질 가능성이 컸다. 이런 아이에게는 가볍게 들어주면서도 스스로 화를 소각하는 방법도 알려줄 필요가 있었다.

나는 그 아이를 조용히 따로 불렀다. 그 아이와 단둘이 있는 자리에서 그동안 화가 났던 모든 이유를 생각나는 대로 종이에 화가 풀릴 때까지 가득 써보라고 했다. 더는 쓰고 싶은 욕이 단 한마디도 남지 않을 때까지 모조리 다 쓰게 했다. 그렇게 쓴 글은 아이 자신 외에는 누구도 보지 않을 것이라는 말도 덧붙였다. 아이가 쓴 종이는 A4 용지 두 장이 앞뒤로 가득 찰 정도의 분량이었다. 혹시 빠뜨린 표현은 없는지 다시 한번 확인해 보도록 했다. 그런 후에 아무도 알아보지 못하도록 그 종이를 최대한 잘게 두 손으로 찢도록 했다. 듬성듬성 찢어진 종이는 다시 더 찢도록 했다. 실컷 종이를 찢고 나니 종잇조각들이 넓은 책상 위에 한가득하였다. 나는 조용히 쓰레기통을 아이에게 내밀었다. 아이는 두 손으로 종잇조각들을 모아 쓰레기통에 버렸다. 그제야 나는 그 아이의 두 손을 잡고 눈을 바라보며 물어보았다.

"지금 네 마음이 어때? 화가 좀 풀렸니?"
"네. 속이 시원해졌어요."
"그래. 속이 시원해져서 다행이야. 그동안 네가 쓰던 그 많던 욕은 다 저 쓰레기통으로 갔어. 이젠 내가 알고 있는 너의 많은 좋은 점들을 다른 사람들도 알아봐 줄 일만 남았어. 그러려면 다른 사람들이 너를 욕만 하는 아이로 오해하면 안 되겠지? 다른 사람들이 네가 가진 좋은 점들은 못 보고 너를 오해하는 건 정말 싫어."
"네. 노력해볼게요."

언제든지 반항의 말로만 되받던 아이의 모습이 그 자리엔 없었다. 나는 가슴으로 그 아이를 꼭 안아주었다.

며칠 후 우리는 한 시간여 동안 대화를 또 나누게 되었다. 오래된 습관이 단 한 번으로 해결되기가 쉽지 않다는 걸 알기에, 그 아이에게 혹시나 또 욕을 하고 싶은 순간이 올 때를 대비해서 수신호로 도와주는 방법을 제안했다. 수업 시간에 자신도 모르게 화나 짜증이 분출될 기미가 보일 땐 선생님과 둘만의 수신호를 정해서 표현하기로 한 것이다. 그 신호를 알아챈 선생님은 아이가 잠시 교실을 빠져나가서 물을 한 잔 마시거나, 공터에 나가 가슴이 뻥 뚫리도록 소리를 한 번 지르고 오거나, 세수를 한 번 하거나 하는 등 그 화가 가라앉으면 교실로 다시 들어오게 했다.

"네가 숙제나 공부를 잘하고 싶은 마음이 많구나. 진짜 안 하고 싶으면 관심도 없거든. 그런데 네가 짜증 내는 걸 보니, 잘하고 싶은 마음과 그 시간에 놀고 싶은 마음이 싸우고 있어서 이겨 보려고 노력하는데 쉽지 않나 보네. 잘하고 싶어 하는 그 마음은 잘 기억해둘게. 같이 방법을 찾아보자."

숙제나 공부가 무조건 하기 싫다며 짜증을 종종 낼 때도 그 아이의 이면적 언어를 먼저 발견해서 상기시켜 주었다. 그 반응에 아이는 스스로 놀고 나서 밥 먹고 하겠다며 방법을 찾기 시작했다. 그러자 불과 얼마 지나지 않아 그 아이는 눈에 띄게 밝아지고 욕설이 없어지고 말도 조심스러워지고 온순해졌다. 심지어 몇 달 후엔 반 친구들을 도와주는 모범생이 되어 있었다.

단단한 성장은 사소한 일상에서 다져진다

20여 년 동안 아이들과 함께하고 가르치면서 그 세월만큼이나 각자 색깔이 다른 많은 아이와 온기를 주고받았다. 스승과 제자로 만나 '가르침과 배움의 인연'이 끈이 되어 단순하게 학과목만을 가르치는 게 아닌 사람과 사람이 만나고 알아가고 서로 존중해가는 과정을 함께 배웠다.

아직 다듬어지지 않은 우툴두툴한 바위와 같은 아이들은 자신들의 감정을 포장하지 않고 있는 그대로 드러낸다. 기쁨, 슬픔, 즐거움, 화남, 성취감, 짜증, 성장, 반항, 부지런함, 게으름…. 사람이라면 누구나 겪는 희로애락을 아이들도 날마다 경험하며 그렇게 어른이 되어간다. 자라나는 아이들을 도울 수 있는 것 중의 하나가 희로애락의 그 어떤 상황에서도 이면적 언어라는 수단을 써서 '배울 수 있도록 도와주는 것'이다.

다시 말해, 즐겁고 기쁜 상황에서 마음껏 즐기고 기뻐하면서도, 동시에 무엇이 그렇게 즐겁고 기쁘게 만들었는지를 아이가 한 번쯤 생각할 수 있도록 도와줘야 하는 것이다. 그 과정에서 아이는 즐기는 것으로 끝나는 게 아닌, 스스로 즐거움과 기쁨을 건강한 지대 위에서 확장해 나가는 법을 알아가게 될 것이기 때문이다.

　이에 반해 화내거나 짜증 내거나 심지어 반항하는 태도를 보이는
아이에게는 도와주기 위한 에너지가 몇 배가 더 든다. 그렇다 보니
아이를 한두 번 도와준 후에 긍정의 에너지가 바로 가시적으로 드러
나기를 원하는 어른이라면 금세 실망할 수 있다. 하지만 눈에는 잘
보이지 않는 그 '성장의 긍정적인 에너지'가 아이라는 멋진 건물을 든
든하게 떠받치는 기둥으로 자리하기 시작했다는 사실을 잊어서는 안
된다.
　아이의 반복되는 잘못된 행동에 초점이 맞춰져서 화가 나곤 했던
생각을 이면적 언어로 재구성하게 되는 순간, 그 아이는 도움을 호소
하고 있다는 생각으로 생각의 방향이 전환될 수 있다. 불필요한 화
는 가라앉고 아이에 대한 안타까움과 함께 도와줄 방법을 적극적으
로 찾을 수 있게 되는 것이다. 아이들마다 상황은 다 달라도 아이들
이 잘 못 행동하거나 말하는 그 밑바닥엔 근본적인 도움 요청의 메시
지를 품고 있다.

　성장이라는 단어는 추상적이면서도 약간은 원대하게 느껴지기도
한다. 그래서 그걸 배우기 위한 환경이나 상황도 무언가 특별하거나
거창할 것 같다고 느끼는 것도 사실이다. 하지만 단단한 성장은 사소
한 일상에서 다져진다.

이제는 일상에서 문제의 상황이 오면 아이의 이면적 언어로 다시 해석하고 아이를 도와줄 시각으로 바라보자. 이면적 언어는 아이가 드러내는 짜증이나 화의 표현을 통해 아이 마음의 진심이 무엇인지를 다시 들여다보는 일이다. 이것을 인지하고 시도하려고 할 때, 처음엔 익숙하지 않아서 불편하고, 피하고 싶기도 하고, 에너지가 너무 들 것 같아서 마음부터 지칠 수도 있다. 하지만 계속해서 그 방향을 놓치지만 않는다면, 들이는 실제 에너지는 생각보다 무겁지 않으며 점점 더 가벼워지다가 마침내는 결실을 보게 된다.

마음을 이해하려고 관찰하며 다가설 때 아이는 변화하기 시작한다. 마음의 언어를 제대로 읽어주는 약간의 수고를 마다하지 않고 베풀 때, 아이들은 아이들 각자의 본연의 모습에서 반드시 그 가치를 드러낸다. 원석이 깎이고 부딪치고 다듬어지면서 마침내는 보석으로 재탄생하듯이 우리 아이들은 보석의 원석이다. 단지 살짝 깎아내고 다듬어 주는 것만이 우리의 도울 일이다.

이제 우리는 다음 부분을 명확히 하자. 아이는 단지 자신의 불편한 감정을 표현하고 있고 그 감정을 어떻게 다루어야 할지를 모르기 때문에 자신의 말속에 최대한 짜증이나 화를 담아 말하고 있다는 사실을!

이 아이가 실제 말하고 싶은 건 "저 이만큼 화나고 속상해요. 이럴 땐 어떻게 이 상황을 다시 바라보고 화나 짜증을 잘 다루어야 할까요? 엄마, 아빠, 선생님께 도움을 청하고 싶어요"라고 말하고 있는 것이라는 걸 기억하자. 아이를 도와주기 위한 이면의 언어를 반드시 먼저 찾자. 그 언어로 우리 아이가 화나 짜증을 낸 순간을 다시 바라보고, 그 불편한 감정을 제대로 이해한 뒤 그 감정을 자신이 건강하게 조절할 수 있도록, 방향을 바꿔서 잘 흘러가도록 도와주자.

HELPER CARD

거칠게 말하거나 행동하는

아이의 마음속에는

그 강도만큼이나 간절히 원하고 바라는 게

따로 숨겨져 있다

멈추고,
다시 시작하라

"이 들판이 모두 우리들의 땅입니다. 그러니 마음대로 좋은 곳을 택하십시오."

언덕에 도착한 파홈에게 촌장이 다가와 손으로 들판을 가리켰다. 파홈의 눈은 반짝거렸다. 땅은 전부 초원이었고 손바닥처럼 평평하고 거무스레하게 보였다. 그리고 약간 낮은 곳에는 여러 가지 잡초가 우거져 있었다. 촌장은 털모자를 벗어 땅에 놓고 말했다.

"이것을 출발 표지로 삼읍시다. 여기서 출발하십시오. 그리고 이곳으로 돌아오십시오. 돌아온 곳도 모두 당신의 땅입니다."

톨스토이의 《사람은 무엇으로 사는가》에 나오는 한 대목이다.
출발 표지에서 시작해 자신의 걸음으로 직접 걸어서 해지기 전까지 다시 출발 표지까지 돌아오면 그 땅을 다 차지할 수 있다는 말에 파홈의 마음이 들뜨는 장면이 묘사되어 있다. 이 이야기는 더 많은 땅을 차지하고 싶은 욕심으로 너무 멀리까지 걸어갔다가 혼신의 힘을 다해 다시 출발 표지까지 돌아왔지만 결국은 파홈이 죽는 것으로 끝이 난다.

 큰마음을 먹고 집 대청소를 하는 날이 있다. 그날은 마치 온몸을 샤워한 것처럼 개운함을 맛본다. 집 안 곳곳이 깨끗하고 반짝이는 걸 보면 행복감도 밀려온다. 문득 서랍도 눈에 들어와서 새롭게 정리하기 시작한다. 서랍 한 칸씩 정리하되 한 칸에 들어 있는 모든 걸 바닥에 꺼내 놓는다. 그리곤 하나씩 중요하고 필요한 것부터 다시 정리해서 넣기 시작한다. 그러면 깔끔하면서도 내가 원하는 모습대로 정리가 잘 된다. 물론 시간적인 여유가 더 될 때는 서랍의 모든 칸에 들어 있는 걸 한꺼번에 쏟아 놓고 새롭게 정리하기도 한다.

 이렇게 어느 날 마음 먹고 한 번씩 크게 정리하는 것도 도움이 되지만 더 좋은 방법은 서랍 속에 하나씩 넣거나 뺄 때마다 예쁘게 정리해 두는 것이다. 이렇게 바로바로 정리해두면 뒷손 갈 일이 거의 없다.
 아이들이 신발을 아무렇게나 현관에 벗어 두면 현관은 금세 어질러진다. 그러면 누군가는 계속 깔끔하게 정리하는 수고를 해야 한다. 이때 부모는 아이에게 신발을 벗고 나서 가지런히 정리하는 방법을 가르쳐줘야 한다. 한두 번 할 때는 어설프게 삐뚤빼뚤하기도 하지만 횟수가 늘어가면서 가지런히 정리하는 것도 제법 반듯하고 예쁘게 잘 하게 된다. 그렇게 가족이 모두 신발을 벗을 때마다 각자 자기 신발만 가지런히 정리하면, 누군가가 흐트러진 신발을 매번 정리해야 하는 수고를 덜 수 있고, 아이는 스스로 정리하는 법을 배우게 된다.

가끔 손가락이 베이거나 상처가 날 때가 있다. 보통 깊은 상처가 아니고서는 몇 분 내로 지혈이 된다. 이렇게 될 수 있는 이유는 순환하고 있던 혈액이 상처라는 비상 신호를 인지하는 순간, 상처의 최전방에 있는 적혈구들부터 자신의 몸을 던져 출혈을 막으려고 필사적으로 싸우기 때문이다. 상대적으로 멀리 있던 다른 적혈구들도 지원군으로 급히 몰려와 온 힘을 다해 지혈을 돕는다. 이는 인체가 생명과 항상성을 유지하는 신비다.

우리의 신변에 무언가 큰일이 생길 때면 뇌와 몸은 그 큰일의 해결책 모색을 우선으로 한다. 때문에 기본적인 생리 기능에 관여하는 것을 제외하고는 모든 기능을 그곳으로 집중시킨다. 그 일이 해결될 때까지 주변의 것들은 눈에 잘 들어오지 않는다. 반면에 큰일이 없는 편안한 일상에서는 주변의 사소한 많은 것들까지도 관심의 영역 안에 들어온다. 다양한 생각들이 떠오르고 새로운 시도를 해볼 수 있는 마음의 여유도 생긴다.

부모와 아이와의 대화에 빨간 신호등이 계속 켜졌을 때도 회복이나 성장 또는 일상의 대화를 시도하기가 결코 쉽지 않다. 우리의 생각과 몸과 시간의 에너지를 온통 그곳에 집중해야 할 만큼의 큰 노고를 동반하기 때문이다. 이럴 때, 위기 상황이 아닌 평소에 일상에서 가볍게, 자주 자연스러운 대화의 초석을 다져 놓는다면, 대화가 쉽지 않을 상황이 와도 더 편안하게 대화다운 대화를 나눌 수 있다.

발견해주기(Boosting Praise)

먼저 그런 대화를 나누기 위해서는, 일상에서 아이의 말이나 모습, 생각이나 행동에서 소소하고 다양한 많은 것들을 수시로 발견해줘야 한다. 이건 아주 간단하지만 원래 타고나거나 이미 자연스럽게 형성된 경우가 아니라면 의식적으로 노력해야만 자연스럽게 할 수 있는 일이다. 어려워서 노력이 필요한 게 아니라 '너무 작고 미미하고 소소해 보여서 지나치기 때문'이다. 그렇다 보니 눈앞에 있어도 발견하기가 쉽지 않다. 발견이라는 것은 말 그대로 '있는 것을 찾아내는 것'이다. 이렇게 발견한 것을 아이에게 계속 상기시켜 줄 때, 아이는 자신에 관한 사소한 것들을 통한 계속된 '자기 존재감 인식'이 생겨난다.

"칭찬은 고래도 춤추게 한다."

균형 잡힌 칭찬을 받는 아이는 창의적인 역량 또한 풍부하게 발산된다. 그러나 칭찬이 오히려 해가 되는 경우도 꽤 많다. 들어서 부담

되는 칭찬이 아닌, 아이를 있는 그대로 발견해주는 내레이션 같은 표현이 필요하다. 마치 축구 해설자가 보이는 대로 경기 상황 보도를 바로바로 구체적으로 말해주듯이.

극히 소소한 것들이지만 발견해주는 것들이 점점 쌓이게 되면 아이에게는 심리적인 안정감이 자리한다. 더불어 건강한 자존감 또한 커진다. 소소한 것들을 지속해서 발견해주는 것이 건강한 자존감을 북돋우는 균형 잡힌 칭찬의 효과와 맞먹는다는 의미에서 '발견해주기(Boosting Praise)'라고 부르고 있다.

내 아이들뿐만 아니라 20여 년 동안 가르쳐 온 아이들을 통해 나는 일상에서 '발견해주기의 위력'을 경험했다. 위력이라고 표현해도 부족할 만큼 그것이 아이들의 마음과 태도와 행동에 미치는 영향력은 엄청났다. 아이들이 어렸을 때부터 여러 방면에서 건강한 자존감을 느끼도록 북돋울 수 있다면 더없이 좋겠지만, 지금까지 그렇게 못 해왔다고 할지라도 괜찮다. 내 아이가 어린이든, 사춘기 청소년이든, 심지어 성인이든 그 어떤 나이대일지라도 '발견해주기'를 시작해서 멈추지 않는 한 그 위력은 현실에서 강력한 힘을 발휘한다. 단지 그 과정에서 열매가 맨눈으로 빨리 관찰되지 않아서 체감하기가 쉽지 않을 수는 있다. 하지만 그 결과는 가슴이 벅찰 정도로 뿌듯하며 아이 또한 예전과는 다른, 건강하고 새로운 성장을 지속적으로 이룬다.

자고 일어나서 처음 얼굴을 마주한 아이에게 "일어났네. 잘 잤니?"

세수하고 나오는 아이에게 "세수했구나. 얼굴에 윤기가 나네."

식탁에 앉은 아이에게 "자리에 앉아 있네. 밥 먹을 준비가 됐구나."

수저를 놓는 아이에게 "수저를 벌써 놓았네. 고마워."

학교 가려고 가방을 챙기는 아이에게 "가방을 벌써 챙기고 있구나."

이렇게 아이의 태도나 행동에 대해 이미 한 사실을 기준으로 수시로 발견해서 그 상황을 말해주면 된다. 가능한 한 가볍고 자연스럽게! 위의 예들을 보면 너무나 일상적이고 당연한 거라고 생각해서 말로 표현할 필요성을 느끼지 못할 수도 있다. 하지만 그 '사소함(micro actions)을 발견'해줄 때 아이 마음에는 사랑의 언어가 자리를 잡으며 영양가 있는 자양분으로 비축된다.

편안한 나만의 보폭으로

아이들과 대화할 때 큰마음을 먹고 인내의 긴 시간을 거치며 많은 에너지를 들여야 하는 경우도 있다. 서랍 속에서 얽히고설킨 것들을 끄집어내어 새롭게 정리하듯, 부모와 자녀 관계에서도 그렇게 하나씩 차근차근 꺼내서 새롭게 정리해야 할 순간도 필요한 것이다. 그러나 날을 따로 잡아서 큰마음을 먹고 하기보다는, 서랍 속의 내용물을 넣고 뺄 때마다 가벼운 마음으로 예쁘게 정리하듯, 신발을 벗을 때마다 가지런히 정리하면서 정리하는 법을 배워가듯, 대화도 '발견해주기(Boosting Praise)'를 통해서 매일 조금씩 가벼운 마음으로 찾아서 표현해주자. 단, 절대 무겁지 않게!

처음 시도할 때는 아이가 어색하게 느낄 정도로 한꺼번에 많이 하기보다는 하나둘씩 시도해보다가 하나씩 더해 가면 된다. 그렇게 점점 늘려가다 보면 어느새 아이는 부모가 자신에 대해 '발견해주는 것'을 자연스럽게 받아들이게 된다. 처음부터 지나칠 정도의 발견하기는 과유불급(過猶不及)이다. 내가 소화할 수 있는 적정한 선에서의 발견하기를 시도해보자.

만일 톨스토이의 저서 속 파홈이 소화 가능할 만큼의 적정한 범위까지 갔다가 다시 돌아왔다면, 그랬다면 아마도 그는 죽음 대신 새로운 땅을 얻은 성취감과 꿈을 이룬 행복감을 향유했을 것이다.

우리도 마찬가지이다. 처음부터 한 번에 잘하려고 욕심내지 말자. 실수할까 봐 겁내지도 말자. 나만의 보폭대로 하고, 하고, 또 하자. 편안한 나만의 보폭으로 아이에게 오늘도 발견해주고 내일도 발견해주자.

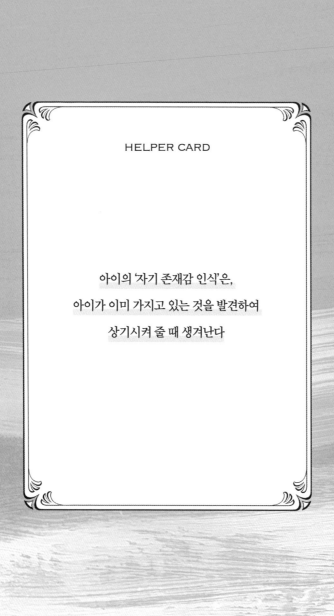

HELPER CARD

아이의 '자기 존재감 인식'은,

아이가 이미 가지고 있는 것을 발견하여

상기시켜 줄 때 생겨난다

참으로 고마운 나의 오랜 친구에게

친구야,

작은 동네에서 같은 초등학교를 다니면서도 우린 서로를 잘 몰랐었지. 우리가 중학교에 갔을 때 너와 나는 비로소 서로의 존재를 알아보았어. 쉬는 시간이면 교실에서 삼삼오오 모여 시시콜콜한 얘기를 하면서 깔깔대며 웃었던 거 기억나니? 지금은 너무도 오랜 시간 때문인지 기억은 가물가물한데, 느낌만 아련히 남아 있어. 며칠 전 집안 대청소를 하다가 우연히 중학교 때 앨범을 발견하고선 그 자리에 철퍼덕 앉아 혼자 추억하는 시간을 가졌단다. 몇 장 안 되는 빛바랜 사진을 한참을 들여다보았지. 그런데 신기하게도 그때 그 순간이 바로 어제 같은 거 있지. 사진 속에는 쉬는 시간에 대여섯 명이 교실 책상 하나 주위에 모여 서로의 몸을 바짝 붙여가며 얼굴을 들이밀고 카메라를 향해 목을 길게 쭉 빼고서는 하나같이 빵 터진 웃음을 머금고 있었어. 너도 기억나니? 아마 너도 나처럼 가물가물할지도 모르겠다. 하지만 그 사진을 보면 바로 그때로 직행하게 될 거야. 너도 나처럼.

사진 속에는 소풍만 가면 전교생 앞에서 신명 나게 춤을 추며 친구들의 시선을 집중시켰던 ㅇㄱ도 있고, 웃음소리가 독특해서 그 아이 웃음소리만 들어도 누군지를 다 알았던 ㅅㅈ도 있고, 늘 듣기만 하고 웃기만 하던 ㅂㅅ도 있네. 빼빼 말라서 살 좀 찌라고 친구들이 돼지라고 별명을 붙여줬던 ㄱㅅ도 있고, 그 애랑 옆집에 살면서 단짝이었던 ㅇㅈ도 있어.

그런데 나랑 가장 친했던 네 얼굴은 아무리 찾아도 없었어. 곰곰이 생각해보니 그 사진을 네가 찍었더구나. 그리운 네 얼굴을 못 보니 아쉽네. 그때 같이 사진 찍을 걸 그랬나 봐.

둘도 없이 그렇게 친했던 너와의 연락이 십오 육 년 전부터 끊어졌네. 서로 바쁘다는 이유로 연락이 뜸해지다가 언제부터인가는 이렇게 안부가 궁금한 사이가 되었지. 그래도 무소식이 희소식이라고 생각하며 잘살고 있으리라 믿어. 가끔 봄바람에 향기가 실려 오듯 건너건너서 네 소식을 듣긴 했어. 아이 둘을 낳고 잘살고 있다고 말이야. 잘 살아줘서 고마워.

친구야,
너를 떠올리면 가장 생각나는 게 별, 들녘, 바다, 눈이란다. 어느 여름날, 해가 조금 기울어져 가던 오후, 우리는 들녘을 함께 걸었지. 옆에는 개울물이 흐르고 있었고. 그때 우린 참 많은 이야기를 나눴던 것 같아. 한참 서로의 꿈과 이야기 속에 빠져 있다 보니, 어느새 주위는 파스텔톤으로 물들어 있었지. 지금도 해 질 녘 석양을 바라볼 때면 슬픔인지 기쁨인지 모를 설렘이 그때의 흙냄새, 바람 냄새에 묻혀 온단다. 서둘러 집으로 돌아가야 할 그 시각에 우린 못다 한 이야기가 아쉬워 인사를 하려다 말고 또 이야기를 이어가곤 했지. 그러다 저녁 어스름에 접어들었을 때 너는 문득 하늘을 올려다보았어. 이른 저녁에 벌써 나온 가장 빛나는 별 하나를 손가락으로 가리키며 "저게 금성이야. 하늘에서 가장 밝게 빛나는 별이래"라고 속삭였지. 나는 그때부터 금성이라는 이름을 기억하게 되었어. 남들 앞에서 노래해 본 적이 없는 소심한 내가, 그날 네 앞에서는 내가 좋아하던 팝송 'One Summer Night'도 불렀더랬지. 너랑 함께 있으면 난 언제나 마음이 편안했어. 넌 그렇게 항상 내가 용기를 낼 수 있게 해준 소중한 친구였어.

 오랜만에 너랑 친구들이랑 여럿이서 놀러 갔다가 버스를 놓쳐서 집에 늦게 왔던 추운 겨울날, 난 집에서 쫓겨나 갈 곳이 없었지. 얇은 운동복에 여름 슬리퍼를 신고서 추위를 피하려고 교문 기둥과 산등성이가 맞닿아 있는 곳에 들어가 웅크리고 앉았어. 설움에 복받쳐 한참을 울다가 올려 다 본 밤하늘에는 네가 말했던 금성과 그 주변의 별들이 총총히 박혀서 나를 내려다보고 있었지. 그때 처음으로 별이 따뜻하다는 것을 느꼈어. 수화기를 통해 울먹이는 내 목소리를 듣고 넌 바람같이 달려와서 날이 밝을 때까지 내 옆에 있어 주었지. 네 덕분에 외롭지 않았고 무섭지 않았어. 그때 정말 고마웠어.

너는 바다가 좋다며 가끔 바다를 보러 가자고 했었지. 길치여서 감히 혼자서는 나갈 엄두를 못 냈던 나는, 네 덕분에 바다도 볼 수 있었어. 처음 너랑 바닷가 모래밭을 맨발로 밟았던 날, 발바닥에 전해져 오는 그 몽글몽글하면서도 간지럽고, 토돌토돌하면서도 맨돌맨돌한 모래의 느낌이 아주 기분이 좋았어. 그때부터 난 바다가 좋아졌어.

고등학교 때는 단체 영화 관람을 하러 가서 끝날 땐 펑펑 울고 나왔던 영화 기억나니? 그 영화 주제곡이 너무나 좋다고 내가 입버릇처럼 말했었지. 어느 날 너는 그 노래를 오디오 테잎 앞뒤로 열심히 녹음해서 내게 선물도 줬었잖아. 감성이 충만했던 우리는 첫눈이 내리면 무조건 만나자고도 했어. 그것도 기억나니? 지금도 첫눈이 내리면 그때가 생각나.

그 시절의 나를 돌아보면 답답하고, 때론 공허하고, 앞이 보이지 않는 불안감도 많았어. 너도 아는 것처럼 나를 둘러싼 많은 상황 속에서 숨조차 쉬기가 버겁다고 내가 여러 번 토로했던 적이 있었지? 그때는 너에게만 털어놓았던 비밀이기도 했어. 그렇게 힘들다고 느낄 때 네가 내 곁에 있어 주는 것만으로도 내겐 큰 힘이 되었어. 너와 함께 한 시간만큼은 편안하고 따뜻하고 마음껏 웃었던 것 같아. 그때, 네 덕분에 난 숨을 쉴 수 있었고, 네가 내 옆에 있어 줘서 얼마나 큰 힘이 되었는지 몰라. 고마워. 고마워. 정말 고마워.

그렇게 시간은 흐르고 마음속은 지금도 여전히 나는 그때의 나 그대로인 것 같은데, 너와 나는 각자의 앞길을 향해 발을 성큼성큼 내딛기 시작했지. 어느새 너와 나는 부모라는 이름표까지 달게 되었고. 그 부분에선 내가 먼저 선배가 되었지. 처음엔 너와 친구들이 모두 신기해하며 종종 만나기도 했었어. 그러다가 하나둘씩 똑같은 이름표를 달기 시작하면서 우린 이제 친구에서 부모로서의 삶을 살기에 바빴고. 아이들이 중고등학교에 다닐 때 즈음, 그제야 친구들은 주변을 조금씩 돌아보며 다시 그때의 친구들을 찾기 시작했지. 그 속에 너는 빠져 있었어. 아무래도 아주 늦게 부모 이름표를 달아서 지금도 너는 많이 바쁘기 때문일 테지.

몇 해 전에는 전국 각지로 흩어져 있던 사진 속의 그 주인공들이 어렵사리 일정을 맞춰서 중간지점에서 만났어. 그때 혹여나 네 얼굴을 볼 수 있을까 했는데, 너는 친구 편에 안부 소식만 짧게 보냈더구나. 그 한마디만으로도 네가 얼마나 바쁘고 부지런하게 살고 있는지 짐작이 가고도 남았어. 오랜만에 만난 옛적 친구들은 모이기가 바쁘게 중고등학교에 다니고 있는 아이들 얘기에 시간 가는 줄 몰랐단다. 세상 물정 모르는 천방지축이라는 말이 제일 많았던 것 같아. 그런데 우리가 함께 보냈던 그 소중한 시간들, 너를 생각하면 떠오르는 그 모든 시간이 지금 우리 아이들보다 어렸을 때라고 생각하면 너무 웃기지 않니? 어쩌면 우리도 어른들이 보기에 그땐 똑같이 철없는 천방지축이지 않았을까? 아마도 비슷했을 거야, 그치?

그럼에도, 그 시간이 30~40년이 지나도 엊그제 같은 행복한 순간들로 남아 있어. 그리고 그 시간은 추억이라는 이름으로 너와 나의 마음속에 고스란히 남아 그 생생함을 더하고 있지. 지금 자라나고 있는 우리 아이들도 지금 이 시간을 우리처럼 그렇게 추억할 수 있는 시간으로 만들어가고 있겠지? 우리처럼 말이야. 우리 아이들은 아프고 어두운 기억보다는, 우리 때보다 더 아름답고 즐겁고 행복한 기억들이 추억 대부분을 차지했으면 해. 한창 자랄 나이에 너무 아프지 않고, 너무 어둡지 않고, 너무 무겁지 않기를 바라면서 말이야.

사진 한 장 속에도 우리의 수많은 아름다운 추억들이 담기네. 그때의 집안 분위기, 슬픔과 아픔, 아련함, 친구들, 공부, 놀았던 시간, 재잘거렸던 우리들의 수많은 이야기, 꿈, 별, 하늘, 바람, 눈, 노래…. 우리가 함께하는 게 즐거웠던 그 모든 순간은 추억의 책장 속에 간직되어 있다가 언제든지 꺼내면 너와 나를 노래 부르게 하고 미소 짓게 하고 다시 돌아가고 싶게 하는 것 같아. 우리가 곧 만나게 될 어느 날에 그렇게 만나서 서로 화답하며 그때로 또 함께 날아가 보자. 그때까지 각자의 친구로, 부모로, 배우자로, 자식으로, 또 누군가의 지인으로 그렇게 우리가 있는 자리에서 너와 나의 꽃을 피워 보자꾸나. 지금까지 힘을 다해, 최선을 다해 살아 온 너에게 힘찬 박수를 보낸다. 남은 생의 가장 젊은 때를 사는 너와 나, 그리고 우리! 이제는 날이 더할수록 더 새롭게 다가오는 것 같아. 보고 싶다, 친구야. 사랑해….

-나의 당신께 너의 친구가

　　*이 친구는 나의 친구이고, 당신과 나이며, 남편과 아내이고, 동료와 스승이며, 지나온 나의 삶의 구석구석을 이름 없이 채워준 수많은 도움자이며, 지금 내 곁에 있는 내 아이입니다. 그 누구든…. 나에게 소중한 존재로, 소중한 시간을 함께하는 바로 그 이입니다.

　　친밀하게 사랑하는 이를 추억하고 기뻐하고 환영하듯이 그런 마음이면…. 우리는 부모라는 이름으로도 그렇게 다가설 수 있습니다. 그런 아름다운 추억을 더듬을 땐 누구나 따뜻해지고, 미소가 머금어지고, 마음에 여유 공간이 생깁니다. 부모라는 이름표를 달고 아이들과 관계를 맺을 때, 내 마음이 그런 온기들로 먼저 채워지고 예열되기를 바랍니다.

　　지금 바로 우리 아이들과 함께하는 이 시간이, 온기가 스며든 대화가, 사랑의 마음언어로 아름답고 생생하게 그려지기를 바라는 마음으로 유년 시절의 기억을 혼합하고 각색하여 당신께 편지를 썼습니다. 읽으시는 동안 아주 잠시라도 미소 지으며 음미해보셨는지요? 당신 마음속에도 소중한 시간을 함께했던 이런 소중한 그 누군가가 자리하고 있을 테지요. 그렇게 따뜻하고 편안하고 아련하면서도 그리운…. 사랑을 담은 마음으로 사랑하는 이를 추억하듯이 아이를 지긋이 바라본다면, 거기서 올라오는 당신만의 마음 언어가 대화의 문을 저절로 열어줄 것입니다. 그 속에는 언제나 따뜻한 사랑이 먼저 흐르고 있을 테니까요.

훗날 우리 아이들이 커서 나와 함께 한 시간을 그렇게 추억할 수 있기를 소망하면서 지금, 이 순간, 우리는 부모라는 이름으로, 교사라는 이름으로 새로운 추억을 아이들과 함께 다시 씁니다. 지금까지 제 삶의 모든 부분에 함께 해주신 모든 분께 그리고 앞으로 제 삶의 모든 부분을 함께 해주실 모든 분께 마음으로부터 깊은 감사의 인사를 올려드립니다. 당신 덕분에 제 삶이 명작이 되어갑니다. 당신이 존재해주셔서 감사합니다. 언제나 당신과 나의 영혼이 따뜻한 봄날이기를 바랍니다.

아들의 메시지

불특정 다수의 사람과 소통하고, 콘텐츠를 공유하고, 모르는 사람끼리도 즉시 의견을 나누는 문화에 익숙해진 우리. 그런 우리에게 가장 중요한 것은 타인을 이해하는 '공감'이 아닐까 생각합니다.

그런데 간혹 '공감'을 역지사지로 오해하는 경우가 있습니다. 하지만 이 둘은 다릅니다. 공감은 '상대방의 사고 메커니즘을 이해하는 것'을 의미합니다. 다시 말해 공감은 자신의 견해에서 타인의 처지를 이해하는 것이 아닌, 타인의 생각과 행동에 대한 알고리즘 자체를 인정하고 받아들이는 것입니다. 제 어머니는 저와 대화를 하실 때 이런 점을 정말 잘 활용하십니다.

물론 가끔 의견 차이가 생겨 다툼할 때도 있습니다. 그럴 때면 어머니께서는 먼저 제가 어떤 일에 대해 어떤 방식으로 생각을 했고 왜 그렇게 말했는지 먼저 고민하십니다. 그런 뒤에 제가 느꼈을 심정을 이해해 주시되, 옳은 부분과 옳지 않은 부분을 말씀해 주십니다. 그러면 저는 화가 나다가도 금세 수긍하고 어머니께 제 잘못된 점을 시인하게 된 경험이 많았습니다.

어머니께서 쓰신 이 책은, 부모와 자녀, 교사와 학생의 관계를 넘어 사람과 사람이 동등한 인격체로서 서로를 인정하고 공감하며 존중해 주는 대화를 위한 비결과 방법이 담긴 책이라 생각합니다.

소통하고 공유하고 공감하는 것이 너무나 익숙한 문화에 사는 우리이지만, 과연 내 소통 방식이 건강한 방식이 맞는지 고민인 분들께 많은 도움이 되길 바랍니다.

딸의 메시지

어머니의 책을 읽으며 많은 부분에서 저를 돌아볼 기회를 얻었습니다. 생각해 보면 세상에 처음부터 완벽하다 정의할 수 있는 건 존재하지 않는 것 같습니다. 누구나 처음은 서툴지만, 그것을 통해 배우며 한 단계, 그다음 단계로 나아갈 수 있는 것인가 봅니다. 이 책에는 지금의 어머니가 될 수 있었고 앞으로 나아갈 방향을 제시해 주는 나침반이 들어있습니다. 그 나침반은 움직임에 따라 초침이 흔들리고, 걸음걸음마다 불안정하더라도, 방향을 잃지 않게끔 잡아주는 역할을 합니다.

저는 어머니께서 문제가 생겼을 때 회피하지 않고 직면해서 해결해 가는 해결법을 자세히 적어둔 부분에서 깊이 감동했습니다. 그중 가장 인상 깊었던 말은 "받는 이가 유익한 방식으로 사랑하라"라는 것이었습니다.

말 한마디로 천 냥 빚을 갚는다고 했습니다. 이 저서에는 말 한마디가 가진 큰 힘을 보여줍니다. 당장 갈등이 고조되는 상황에서도 어떤 말을 꺼내느냐에 따라 극에 치달을 수도, 완전히 마음이 풀려 엉엉 울 수도 있습니다.

말은 쉽게 상처를 주지만, 그 상처를 극복하는 것은 어렵습니다. 냉담한 말을 들은 전과 후는 결코 같을 수 없습니다. 따스한 말을 건네야 할 때도 있고, 때론 냉철한 면을 단호히 보여야 할 때도 있습니다. 제가 어머니와 대화를 나눈 경험을 통해 알게 된 것은, 좋은 소통을 위해서는 상황에 따라 적절한 단어를 사용해야 한다는 것입니다.

이 책에는 그런 일들에 대해 사소한 상황도 예를 들어 언어적 선택, 그 상황에서 가져야 할 마인드까지 상세히 알려주고 있습니다. 물론 이대로 따라 하는 것이 말처럼 쉽지는 않겠지만, 간단한 것부터 해 본다면 확실한 변화를 느낄 수 있을 겁니다. 어머니께서 사고뭉치 딸인 저를 이 나이까지 잘 키워주신 것이 그 좋은 예입니다. 이게 바로 어머니께서 아이에게나 어른에게나, 남녀노소 모두에게 사랑받고 존경을 받는 바로 그 이유인 것 같습니다.

이 책을 접하는 분들이 함께 진정한 마음을 나누는 사랑의 표현을 얻어 가셨으면 좋겠습니다.